돈과 나

14 SAI KARA NO SHIHONSHUGI
by Shunichi MARUYAMA

Copyright © Shunichi MARUYAMA 2019
First original Japanese edition published by DAIWA SHOBO CO., LTD., Japan.

Korean translation rights arranged with DAIWA SHOBO CO., LTD., Japan through
CREEK&RIVER Co., Ltd. and Eric Yang Agency, Inc.

돈과 나

: 자본주의 속에서 길을 잃지 않기 위해

마루야마 슌이치 지음 ― 김미형 옮김

엘리

자본주의는 지금 중대한 변곡점에 이르렀습니다.

'그 사람도 이제 끝났네'를 넘어

건전한 경쟁은 사람을 성장시키고 사회를 성장시킵니다. 시장이라는 곳에서는 생산자든 소비자든 가능하면 싸고 좋은 물건을 만들거나 사려고 노력합니다. 그 결과 승자와 패자가 생겨난다 해도, 그 경쟁이 건전하기만 하다면 상관이 없습니다. 건전하기만 하다면요.

그러나 이제, 어쩌면 그 어느 쪽에도 승자가 없는 시대가 찾아온 것인지도 모르겠습니다. 일을 하는 사람 자체가 마치 상품처럼 시장의 평가를 받는 사회. 마치 입시 경쟁이라도 하는 것처럼 끊임없이 서로 경쟁하는 사회처럼 보입니다. '쓸모 있다' '쓸데 있다' 하는 기준만이 득세하여 그런 것들만 남게 된다면, 세상은 좀 삭막하지 않을까요?

'돈이 들어오는 구조를 만든 사람이 이긴다' '꽝을 뽑지 마라'

같은 말들이 세상에 만연해 돈을 벌고 이익을 내는 것에만 마음을 뺏긴 채, 일 자체에 경의를 표하는 데 소홀해지고, 일하는 사람의 노력과 재능에 대해선 존경심이 점점 사라져가고 있는 건 아닌지요. 늘 경쟁에 시달리며 쓸모 있거나 쓸데 있는 것들만 만들어내야 한다는 초조함이 앞서다 보니, 이제 사회의 평가 기준마저도 걸핏하면 '판매 가치'가 되곤 합니다.

20세기를 대표하는 영국의 경제학자 케인스가 생각해낸 '케인스의 미인 투표'라는 유명한 이야기가 있습니다. 현대 사회의 상황을 들여다볼 때에도 유효한 비유지요.

"여러분, 미인이라고 생각되는 사람에게 투표해주세요."
그다음이 더 중요한 부분입니다.
"다만 '우승한 미인'에게 투표한 분에게는 상금을 드리죠."

이 조건이 붙자 결과는 달라집니다. 자신이 판단할 때 미인이라고 생각하는 사람이 아니라 모두가 미인이라고 생각할 만한 사람, 표가 몰릴 것 같은 사람에게 사람들의 표가 집중됩니다. 단상에 오른 미인들보다는 투표자들의 표정과 생각을 읽어내는 데 모두가 신경을 곤두세우기 시작하죠.

'미인'이라고 생각하는 사람이 아니라
'표가 몰릴 것 같은 사람'에게 투표한다.

이는 시장의 주식 거래에서 이득을 보려는 사람들의 심리를 표현하기 위해, 케인스가 고안한 비유입니다. 스스로 정말 가치가 있다고 여기는 회사의 주식보다, 남이 가치가 있다고 생각할 만한 회사의 주식을 사려고 한다는 뜻이죠. '무조건 쌀 때 샀다가 비쌀 때 판다.' 이 단순한 논리로 이익을 내기 위해서는 그 주식의 가치, 다시 말해 회사의 본질적인 가치보다는 사람들 마음의 움직임과 인기를 파악하는 게 보다 중요해집니다.

케인스의 비유는 주식 거래의 심리를 설명하는 흥미로운 비유입니다만, '이길 수 있는 말에 베팅하는 심리'는 이제 주식 시장뿐 아니라 사회 각 분야에서 나타나는 현상처럼 보입니다. '내가 진심으로 느끼는 아름다움'이 아니라 '사람들이 생각하는 아름다움'을 예측하는 일…… 그런 이중삼중의 심리전을 요구하는 현대 사회는 '주체적인 의지'나 '정직한 마음'에서 점점 더 멀어지는 삶의 자세와 선택을 강요합니다. 어느새 주위의 시선에만 신경을 쓰다 보면 자신의 가치관을 세우기 힘든 인생을 보내야 할지도 모릅니다.

'그 사람도 이제 끝났네.' 현대 사회에서 사람들이 이보다 더 무서워하는 말이 있을까요? 많은 사람들이 이 한마디로 끝이 나버릴지 모른다는 두려움에 사로잡혀 있는 것 같습니다. 시장 가치만 중요시하는 사회, 모든 것을 상품으로 간주해버리는 사회. 이래서야 '자본주의 레이스'에서 내려올 수가 없겠지요.

처음에는 좋은 상품을 세상에 내보내겠다는 일념으로 일을 시작한 사람조차 일단 숫자나 순위가 매겨지면 보다 높은 등수를 목표로 삼게 됩니다. 건전하게 운영하려는 마음으로 회사를 만든 사람이어도, 커다란 흐름 속에 휩쓸리거나 자기 의지와 상관없이 주위에서 '보다 많은' 판매를 기대하다 보니 그것이 강박이 되어버리기도 합니다. 일단 숫자가 매겨진 이상, '숫자 늘리기'를 향해 달려갈 수밖에 없습니다. 그것이 현대 자본주의의 피할 수 없는 운명인지도 모르겠습니다.

'나 자신의 존재 가치를 지키기 위해서는 시장에서 존재감을 드러내야 한다.' 그런 생각이 모든 사람의 마음속에 자리 잡혀 있는 것 같습니다. 그것은 아무리 도망쳐도 헤어날 수 없는, 사람들 마음 깊숙한 곳에 자리한 커다란 불안을 떠올리게 합니다. 매해 억 단위의 돈을 버는 사람들조차 경쟁에서 내려올 수 없는 현대 사회에서, 우리에겐 대체 어떤 길이 남아 있을까요?

앞으로 10년, 세상은 크게 변합니다.

그 소중한 10년, 함께 생각하며 살아가기 위한 힌트에 대해 이야기하려 합니다.

이 책은 중요한 변곡점에 이른 자본주의에 대해 지금 알아두었으면 하는 것들, 함께 생각해보았으면 하는 것들에 대해 젊은 여러분과 이야기를 나누는 마음으로 썼습니다. 이 책을 계기로 자본주의에 대해, 우리 사회에 대해, 그리고 세계에 대해 함께 생각해준다면 정말 기쁘겠습니다. 이 책이 그런 기회가 되었으면 좋겠습니다.

'정답이 없는 시대', 그럼에도 우리는 살아가야 하니까요.

세계의 지성들에게 묻다

다가올 미래, 무엇을 소중히 하고 어떻게 대처해야 할까요?
세상은 어떻게 변해갈까요? 경제학자에서 철학자에 이르기까지
많은 분들이 조언해주었습니다.

세계의 지성들

마르쿠스 가브리엘

독일의 철학자
『왜 세계는 존재하지 않는가』의 저자

다니엘 코엔

프랑스의 대표적
경제학자이자 사상가

조지프 스티글리츠

미국의 경제학자
노벨경제학상 수상

토마스 세들라체크

체코의 경제학자
24세에 대통령 경제고문이 됨

애덤 스미스

'경제학의 아버지'라고 불리는
영국의 사상가

조지프 슘페터

큰 틀로 사회를 바라보는
뛰어난 센스를 지닌 경제학자

존 메이너드 케인스

영국의 경제학자
20세기 경제학의 거장

카를 마르크스

자본주의에 대항해 사회주의를
창시한 사상가

차례

제3강

'공감'마저 상품이 되는 시대

정신을 빼앗는 자본주의의 덫

제4강

테크놀로지가 격차를 낳는다

창조적이 되어라! 그렇지 않으면 죽음이다

자본주의의 근본에 흐르는 논리는 사실 무척 단순합니다.

자유롭게 거래를 하고 거래를 위해 경쟁을 합니다.

그 경쟁이 이루어지는 곳이 '시장'입니다.

그 구조를 살펴볼까요?

물건

일

지식

제1강

지금 우리는
어떤 세계에 살고 있을까?

그만둘 수 없는, 멈출 수 없는 자본주의

자본주의란 무엇일까?

자본주의.

이 단어를 듣고 여러분은 무엇이 떠오르시나요?

이것은 무척 중요한 단어입니다. 지금 이 시대, 지구상의 상당수 나라가 채택하고 있는 경제 시스템이자 사회 제도이니까요. 하지만 주위 사람들에게 한번 물어보세요. "자본주의란 무엇일까요?"

그 순간 모두들 응? 하는 얼굴을 한 다음, 횡설수설…… 슬쩍 자리를 피해 사라져버리는 사람도 있을 테고요. 사실 중요하고 근본적인 문제인 만큼 왠지 당연한 것으로 받아들여 생각 자체를 멈춰버리는 것 같습니다, 인간이라는 존재는요. 그렇지만 그들을 비난할 수만은 없을 만큼, 지금은 '자본주의'를 정의하고

그 본질을 파악하기가 무척 힘든 시대라는 것 역시 사실입니다.

대체 자본주의란 무엇일까요?

앞으로 10년, 세상은 어떻게 변할까요?

우리는 일을 한다. 살기 위해, 돈을 위해, 사회를 위해.

비 오는 날도. 바람 부는 날도.

그것이 자본주의의 룰이다.

〈욕망의 자본주의 2018〉

이것이 지금 많은 사람들이 당연시하며 믿고 있는 룰입니다.

일단 당연하게 받아들이고 나면 '왜?' '무엇을 위해?' 하는 질문을 어느새 잊고 말지요. 그러나 어느 날 문득 일이 잘 풀리지 않고 일이 너무 싫어졌을 때…… 그제야 '왜?' 하는 의문을 던져본들 그땐 너무 늦지 않을까요? 그러니 지금부터 조금씩 생각을 해봅시다. 우리가 살아가고 있는 이 '자본주의'라는 사회의 구조에 대해 말입니다.

자본을 통한 새로운 가치 창출

20세기 경제학자이면서 사상가이기도 했던 조지프 알로이스 슘페터라는 오스트리아-헝가리 제국 출신 학자가 있습니다. 그

에겐 사회 전체를 큰 틀에서 파악하는 혜안이 있었는데요, 그가
이런 말을 남겼습니다.

자본주의는 성공할 것이다.
그러나 그 성공으로 인해 자멸할 것이다.

어려운가요? 갑자기 우리가 살고 있는 사회 제도가 무너진다
니, 너무 끔찍한 말이라고 생각할지도 모르겠군요. 이 말이 세상
에 나온 것은 80년쯤 전입니다만 이 말에는 깊은 뜻이 담겨 있
습니다. 슘페터는 사회를 움직이는 힘, 그 본질을 응시하며 이런
통찰을 제시했습니다.

이 말이 뜻하는 바에 대해서는 나중에 좀더 자세히 다루겠지
만, 사실 현재의 자본주의는 그다지 건전한 상태라고는 할 수 없
습니다. 슘페터의 말처럼 되지 않기를 바라지만 전 세계에서 그
위험성을 지적하는 사람들이 늘고 있어요. 여러 문제가 뒤엉키고
여기저기 삐거덕거리는 부분들이 생겨나 어디서부터 손을 대야
할지 알 수 없는 병에 걸렸다고 말하는 이도 있습니다.

자, 그런 심각한 문제는 앞으로 찬찬히 다루기로 하고 우선

'자본주의'의 기본을 살펴볼까요?

돈을 둘러싼 거래는 자유로운 시행이 원칙입니다. 그 안에서 모두가 이익을 추구하고 그 욕망을 에너지 삼아 다양한 활동이 이루어지는 것, 그것이 바로 '자본주의'입니다. 자본주의는 자본에서 가치를 만들어내는 것을 원동력으로 삼고 있습니다.

'자본'이란 이득을 낳는 데 필요한 여러 가지 생산요소를 말합니다. 공장이라면 기계 설비나 원자재 등이 이에 해당합니다. 장사를 하려면 가게가 필요할 테지요? 가게 역시 자본입니다.

다양한 자본들

그곳에서 무엇을 팔지 생각하는 것이 자본주의 세상에서 일하고자 할 때 하나의 출발선이 됩니다. 일단 출발선을 박차고 떠났으면 이후에는 계속 달려야만 합니다. '자본주의'는 그저 모두의 이익을 목표로 움직이는 것은 아니며, 그 경쟁에는 또 하나 중요한 요소가 있습니다.

그것은 바로 '시간'입니다. 일정 시간 내에 결과를 달성하기를 요구받지요. 같은 개수의 상품을 만들 때에도 하루에 가능한지 이틀이 걸리는지가 중요하고, 조금이라도 빨리 만들 수 있으면 대부분 더 좋은 평가를 받으며 보다 가치 있다고 여깁니다.

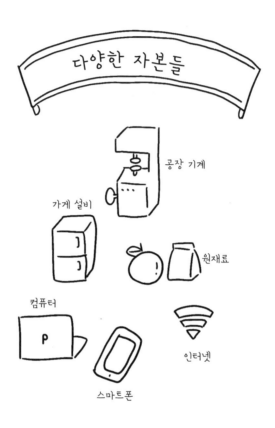

다양한 자본들

공장 기계

가게 설비

원재료

컴퓨터

인터넷

스마트폰

공장 등의 설비와 원재료,
물건을 팔기 위한 가게,
인터넷 판매라면 컴퓨터나 스마트폰,
이 모든 것이 '자본'입니다.

'가치'는 혼자 결정할 수 없다

그렇다면 '가치'란 무엇일까요? "이거, 가치 있는 책이야." 친구에게 그런 말을 할 때가 있지요. 무엇이 됐건, 일단 사려는 사람이 있어야 합니다. 가급적 많은 사람이 사고 싶어 한다면 가치는 더욱 올라갑니다. 한 개에 1000원짜리 빵이 있다고 하면, 그것은 1000원을 주고서라도 그 빵을 먹고 싶다, 1000원을 지불할 '가치'가 있다는 뜻이 됩니다.

그렇다면 이번에는 잼이 들어간 신제품 빵을 출시하기로 했다고 가정해봅시다. 빵집에서는 잼빵을 2000원으로 정합니다. 빵에 잼을 바른 만큼의 가치가 있으니 1000원 + 1000원 = 2000원이라는 것이 하나의 설명입니다.

왜 '하나의'라고 했는지 아시겠어요? 어디까지나 빵을 만들어 파는 사람의 생각이기 때문입니다. 그냥 빵은 1000원이니 잼빵은 2000원. 빵집에서는 그만한 가치가 있다고 일단 판단한 겁니다. 그렇게 해서 1000원짜리 그냥 빵 옆에 2000원짜리 잼빵을 놓았다고 합시다. 얼마나 팔렸냐고요? 별로였어요. 그럼 2000원이 비싼 건지 잼에 1000원의 가치가 없는 건지, 빵집에서는 다시 한 번 고민하겠죠. 그리고 이번에는 1500원에 팔아보기로 합니다. 그러자 순조롭게 팔렸습니다. 잼 자체에는 500원의 가치가 있다는 뜻일까요?

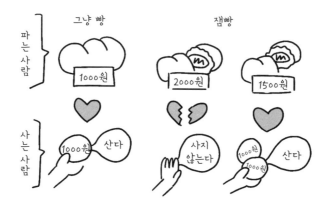

파는 사람과 사는 사람의
마음이 서로 맞는 가격
= 빵의 가치

당연한 이야기를 장황하게 늘어놓는다고요? 하지만 아무리 복잡해 보이는 세상의 경제 행위와 거래라 할지라도, 파는 쪽의 마음과 사는 쪽의 마음이 일치하는 지점에서 가격이 결정되고 그것이 그 물건의 '가치'가 되는 것입니다. 가격과 가치를 결정하는 이곳을 우리는 '시장'이라고 부릅니다.

'시장'에서의 줄다리기가 '가치'를 결정한다

우리는 대부분 빵집에서 이미 가격표가 붙은 상태로 상품을 만나게 되는데, 가격이 붙기까지의 과정에는 팔릴지 팔리지 않을지를 가늠하는 아슬아슬한 선, 지금까지 빵집 주인의 '시장' 경험을 바탕으로 한 '예측'이 있습니다. 사는 사람 편에서도 아슬아슬한 선에서, 그런 가격을 지불하면서까지 사고 싶은지 아닌지 판단을 하니까, 말하자면 '가치'를 둘러싼 신경전이 벌어진다고 할 수 있습니다. 물론 파는 쪽에서는 손해를 보면서까지 팔

가격을 둘러싼 줄다리기

수는 없어요. 잼을 만드는 데 들어간 원재료와 그에 들인 시간과 노력을 돈으로 환산했을 때 500원이 넘는다면, 1500원짜리 빵이 팔릴 때마다 적자가 날 테니 그런 일은 피하고 싶겠지요.

이 '시장'이라는 곳이 크게 흔들리는 경우도 가끔 있습니다. 예를 들어, 자연재해가 발생해 어떤 지역에 먹을거리가 부족하다고 해볼까요? 빵이 갑자기 귀중품이 되는 사태가 벌어진다면? 어제까지 1000원이었는데 갑자기 3000원으로 뛴다 해도 이상할 것이 없습니다. 혹은 굉장한 부자가 나타나 "돈은 얼마든지 지불할 테니 최고의 재료로 맛있는 잼빵을 만들어주세요" 하고 말한다면 그때 역시 상품 가격이 오를 테지요.

보이지 않는 손 ─ '경제학의 아버지'에 의한 '발명'

시장에서 사람들이 자유의지를 가지고 사고파는 행위가 이루어지고 하나의 가격으로 조정되어가는 과정을 재미있는 말로 표현한 사람이 있었습니다. '보이지 않는 손.' 영국의 사상가 애덤 스미스의 말입니다. 240년쯤 전에 쓰인 『국부론』에 나오는 말이고요.

앞서 설명했듯이 시장에서는 파는 사람이든 사는 사람이든 가장 큰 이익을 얻기 위해, 이익의 극대화를 목표로 움직입니다. 이

때의 '사고 싶다'는 마음을 '수요', '팔고 싶다'는 마음을 '공급'이라고 부릅니다만, 그 수요와 공급이 교차하는 지점에서 실현되는 '가격'은 당사자들뿐 아니라 사회 전체에도 의의가 있으며, 사회 전체의 이익으로서 가장 훌륭한 형태라는 게 애덤 스미스의 주장입니다.

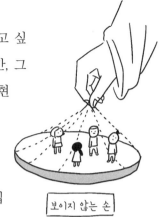

보이지 않는 손

물론 조건이 붙어 있긴 합니다. 자유로운 거래일 것, 그리고 각종 정보가 편중되지 않고 시장의 모든 구성원에게 전달될 것. '사고 싶다'와 '팔고 싶다'는 각자의 욕망을 채우기 위한 활동이 공공의 이익으로 이어진다니…… 그것이 만약 진실이라면 이보다 멋진 일이 또 있을까요? 이 아이디어가 '시장'이라는 존재에 근거를 제시했습니다. 애덤 스미스가 '경제학의 아버지'라고 불리는 이유죠.

그러나 이때, 한 가지 중요한 사실을 잊어서는 안 됩니다. 스미스가 이 말을 한 것은 이 저서 안에서 단 한 번뿐입니다. 또한 다른 저서 『도덕감정론』에서는 자신의 욕망에 의한 행동뿐만 아니라 타인에 대한 공감이 얼마나 소중한지에 대해서 강조하고 있습니다. 그리고 또 하나, 스미스가 이 저서들을 쓴 것은 산업 혁명 이전 시대, 지금처럼 디지털화가 이루어지고 매일 인터넷에서 방대한 상거래가 이루어지는 현대를 상상조차 할 수 없었던 시대였습니다. 적어도 자신의 욕망을 위해서라면 서슴지 않고 이익을 극대화시켜도 좋다는 게, 그의 진의는 아니었을 것입니다.

시장의 경쟁 앞에서 불평등을 줄인다는 것

'시장' 안에서의 자유와 불안정의 갈등 속에서 사람들은 돈을 추구하게 됩니다. 돈이 많으면 많을수록 시장에서는 적어도 선택의 폭이 넓어집니다. 빵이든, 잼빵이든, 멜론빵이든 원하는 만큼 살 수 있으니까요. 그렇기에 여기에 '경쟁'이 생겨납니다.

여기서 한 가지. 시장에서 경쟁하기 위해서는 '평등'이 전제가 되어야 합니다. 그렇다면 그것을 막는 불평등한 상황이란 어떤 것일까요? 예를 들어 같은 노동을 하고 있는데 같은 임금을 받을 수 없는 것, 혹은 부모의 소득 격차가 그대로 자식 세대에 대물림되는 것 등이 해당될 수 있겠지요. 하나의 국가 안에서라도, 태어난 환경의 차이는 경쟁을 할 때 불평등한 상황이라고 할 수 있습니다.

그렇다면 처음으로 돌아가 평등이란 무엇일까요? 진정한 평등 말입니다.

이런 근본적인 문제를 따지기 시작하면 생각보다 대답하기가 어려운 문제임을 알게 됩니다. 사람들은 고대그리스 시대부터 사회 구성원 모두가 평등한 상황을 이상으로 여겨왔지만, 막상 실현되었다고 모두가 느끼기란 무척 힘든 개념이기도 합니다. 사람은 태어날 환경을 선택할 수는 없으니까요.

'평등하지 않은' 상태. 이 상태에서 무엇을 기준으로 삼고 어떻게 '평등'을 지향할까. 이것은 세계관이나 인생관과 같은 여러 가치관의 차이까지 복잡하게 얽혀 있어서, 논의가 필요한 문제입니다. 다만, 조금이라도 불평등을 줄일 수 있다면 그게 더 바람직하다는 것만큼은 분명합니다. 실현하기 힘들다 해도, 아니 힘들기 때문에 더욱더, 균형 잡힌 자본주의를 유지하기 위해 잊지 말아야 할 우리의 과제가 아닐까 생각합니다.

욕망이 욕망을 낳는다

경쟁이란 일단 시작되면 끝이 나지 않는 것일까요? '보다 빨리, 보다 많이, 보다 멀리.' 늘 이것을 목표로 삼게 됩니다. 어제보다 오늘, 오늘보다 내일…… 미래를 향해 보다 높은 가치를 바라는 것. 그것이 목표가 되죠. 생산자는 벌어들인 수익을, 다음 생산을 위해 재투자합니다. 빵 공장은 확장을 목표로 하고 2호점 계획도 솔솔 나오게 되겠지요. 즉, 이렇게 말할 수 있을 것입니다.

"자본주의란 자본의 끊임없는 '자가 증식'을 원동력으로 삼는 운동이다." 자가 증식. 다시 말해 '스스로 몸집을 불려간다'는 뜻입니다. 한 사람의 의지로는 점점 더 제어가 힘들어진다는 뜻이기도 하지요.

앞에서부터 예를 들고 있는 빵집에서 멜론빵이 어느 정도 팔려 성공한 사람이 있다고 가정해볼까요? 공장이 커지면서 멜론빵은 하나의 브랜드가 됩니다. 처음에는 혼자 빵을 만들던 빵집 사장님, 얼마나 기쁘겠어요. 성공을 계기로 '돈을 벌었으니 앞으로는 내가 만들고 싶은 특별한 빵을 만들어야지' 하는 꿈에 마음이 부풀겠지요. 하지만 문제는 모든 게 더 이상 처음처럼 간단하지만은 않다는 점입니다. 그 공장에는 100명쯤 되는 직원들이 일을 하고 있거든요.

"사장님, 실패하면 어쩌시려고요."

"앞으로도 판매가 확실한 멜론빵만 만듭시다."

그런 목소리가 커지면 사장은 직원들의 의견을 하나로 모으는 데 큰 어려움을 겪게 됩니다.

"멜론빵에 사람들이 아직 싫증을 내지 않을 때 다른 신제품을 많이 만들어서 이윤을 내야죠. 사장님 의견에 찬성합니다." 그렇게 말하는 사람도 있을 거고요.

어쨌든 여기서 좀더 찬찬히 생각해봐야 할 것은 원래 무엇을 위해 빵을 만들기 시작했는가 하는 점입니다. 혼자 빵을 만들었을 때 사장은 대체 어떤 마음으로 시작했을까요? 더 이상 한 명의 제빵사의 생각으로는 무언가를 결정할 수 없게 되었고 공장, 다시 말해 회사라는 존재, 개인이 아닌 집단의 의지가 회사의 확장을 원하기 시작합니다.

그리고 그 회사, 예를 들어 이 공장에는 100명 있으면 100가지, 빵에 대한 생각과 돈에 대한 생각이 존재합니다. 100가지 욕망의 형태가 존재하는 셈입니다. '자본의 자가 증식'의 한 예이지요. 그렇다면 자본주의는 '욕망이 욕망을 낳는, 끝없는, 그만둘 수 없는 과정이다'라고 말할 수 있지 않을까요?

너무 과격한 표현인가요? 다만 앞의 예에서도 그렇지만, '만들고 싶은 빵을 만든다'는 그야말로 소박했던 바람이 실제로 회사 안에서는 좀처럼 실현되기 힘들다는 것은 알 수 있겠지요? 자본주의의 이런 구조 속에서 나를 잃지 않고 살아가기 위해서는 그 성격을 주의 깊게 파악하고 있어야 합니다. 욕망에만 휩쓸릴 것이 아니라 다른 관점을 향해서도 눈길을 두어야 합니다.

한 나라에서 경제 불안이 발생하면
순식간에 전 세계 시장으로 번져나갑니다.
그게 바로 '세계화'라는 것이죠. 이런 상황에서
세계가 안정되면서도 성장할 수 있는 해법은 과연 있을까요?

제2강

세계화가 진전된 세계

'성장'과 자본주의

세계의 수요가 부족하다?

지금, 자본주의의 무엇이 문제일까요?

노벨경제학상을 받은 조지프 스티글리츠라는 미국의 경제학 대가는 이런 말을 했습니다.

지금의 문제는 세계의 총수요가 부족하다는 점이다.
그 때문에 세계 경제가 둔화되고 있다.

뜬금없이 무슨 소리냐고요?

앞서, 수요란 '갖고 싶다'는 마음이라고 말한 바 있습니다. 그런 마음이 반영되어 전 세계 시장에서 이루어진 거래의 결과, 그 총합을 '총수요'라고 부릅니다. 말하자면, 돈을 내고 뭔가를 사고 싶다는 전 세계 사람들의 마음을 모두 합한 값인 거죠.

그렇다면 전 세계에서 '사고 싶다'는 마음이 줄어들고 있는 게 문제라니, 대체 무슨 뜻일까요? 예를 들어 그저 작은 상점가 안에서 수요와 공급의 균형을 맞추는 정도의 문제일 뿐이라면, 그게 뭐 그렇게 어려운 일이야 하고 생각하는 사람도 있을 겁니다. 일정한 범위의 생활권 안에서 모든 것이 해결되는 상황이라면 말이죠.

하지만 지금은 전 세계의 시장이 하나로 연결되어 있습니다. 빵집만 해도, 조금이라도 저렴한 재료를 이웃 동네, 이웃 나라 혹은 비용을 좀더 줄일 수만 있다면 지구 반대편 나라에서라도 들여오려고 합니다. 경쟁이니까요. 국경이 없는 이 경쟁, 이것이 바로 '세계화'입니다. 바로 이 세계화로 인해 전 세계 시장은 하나로 연결되었고, 보다 싼 것을 찾는 경쟁이 전 세계 단위로 이루어지고 있습니다. 세계 모든 시장이 이렇게 연결되어 있기 때문에, 지구 어느 한 곳의 경제 파탄은 통화 위기로 번지게 되고 동시다발적으로 전 세계 불황으로 파급되는 사태까지 벌어지곤 합니다.

이런 불안정한 요소를 떠안더라도, 일단은 시장에서의 거래가 활발할수록 좋다, 돈이 잘 돌수록 좋다고 믿는 것이 현대의 자본주의입니다. 잘 흐를수록 건강하다는 뜻에서 돈을 '사회의 혈액'이라고 부르는 이유도 여기에 있죠.

부자들이 돈을 쓰지 않는 것이 문제라고?

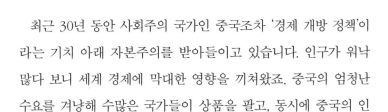

세계 총수요의 부족에는 몇 가지 원인이 있다. 우선 중국의 경기 둔화. 중국 경제가 양적 성장에서 질적 성장으로 변화하면서, 세계 경제에 지대한 영향을 미치고 있다. 또 하나는 유로존이다. 산적한 문제들이 많다. 유로존에서는 통화의 통합이 성장을 저해해왔다.

최근 30년 동안 사회주의 국가인 중국조차 '경제 개방 정책'이라는 기치 아래 자본주의를 받아들이고 있습니다. 인구가 워낙 많다 보니 세계 경제에 막대한 영향을 끼쳐왔죠. 중국의 엄청난 수요를 겨냥해 수많은 국가들이 상품을 팔고, 동시에 중국의 인구를 노동력으로 수많은 국가가 기업을 키우는, 한마디로 중국은 세계의 '시장'인 동시에 '공장'이었습니다.

'유로존'이란 다수의 유럽 국가들이 연합해 만든 커다란 시장입니다. 공동 통화인 유로를 도입해 경제 활성화를 꾀했지만 잘 굴러가고 있다고는 할 수 없어요. 스티글리츠는 위에서 인용한 말 뒤에 좀더 중요한 문제를 지적합니다.

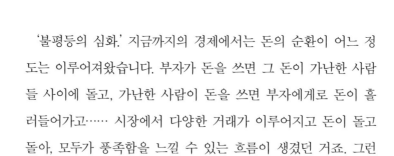

> 다만, 전체적으로는 다른 요인이 잠재되어 있다. 그것은 '불평등의 심화'다. 빈곤층에서 부유층으로 부가 쏠리고, 부유층은 빈곤층에 비해 돈을 쓰지 않는다. 이것이 전체 수요를 억제하며 성장에 제동을 걸고 있다.

'불평등의 심화.' 지금까지의 경제에서는 돈의 순환이 어느 정도는 이루어져왔습니다. 부자가 돈을 쓰면 그 돈이 가난한 사람들 사이에 돌고, 가난한 사람이 돈을 쓰면 부자에게로 돈이 흘러들어가고…… 시장에서 다양한 거래가 이루어지고 돈이 돌고 돌아, 모두가 풍족함을 느낄 수 있는 흐름이 생겼던 거죠. 그런데 지금은 부자들에게 들어간 돈이 좀처럼 사회 전체로 흐르지 않는 상황이 발생하고 있다, 그게 바로 세계의 수요가 늘지 않는 이유다, 스티글리츠는 그렇게 설명합니다.

자본주의에서 '성장'은 필수조건일까?

그런데 스티글리츠의 이런 생각에 근본적인 의문을 던지는 사람이 있습니다. 체코 중앙은행의 경제 전문가이자 경제를 독특한 관점으로 바라보는 경제학자, 토마스 세들라체크입니다.

지금 세계는 자본주의인가, 아니면 '성장' 자본주의인가. 나는 '성장' 자본주의라고 생각한다. 다들 성장에만 신경을 곤두세운다. 성장하지 않으면 끝장! 이라면서.
이상하지 않은가? 대체 어디에 그렇게 쓰여 있지? 성서에? 하늘에? 아니면 수학 모델에? 과거에 증명된 적이라도 있었나? 아니다. 자본주의가 반드시 성장한다는 건 그저 환상에 불과하다. 그러나 사회, 연금, 은행…… 모두가 성장을 전제로 움직인다. 마치 매일 날씨가 좋을 거라고 정해놓고 배를 만드는 것과 같다. 그런 배로는 안 된다. 잔잔한 날에도, 폭풍우 치는 날에도 항해를 할 수 있어야 튼튼한 배라고 할 수 있지 않겠는가. 물론 날씨가 좋아서 나쁠 건 없다. 하지만 맑은 날만을 염두에 두고 배를 만들어서는 안 된다.

재미있는 비유 아닌가요? 아무런 조치를
취하지 않아도 경기가 좋은 '맑은
날', 즉 성장이 유지되는 동안에는
상관이 없습니다. 하지만 살다 보
면 '비 오는 날'이나 '바람 부는 날'
도 있는 법, 그게 자연의 섭리죠.

굿은 날씨, 다시 말해 성장이 힘들 때를 대비하는 게 진정한 경
제 정책이라고 할 수 있지 않을까요? '성장하지 않더라도 유지할
수 있는 자본주의'라는 게 있지 않을까요?

시장은 '수단'일까 '목적'일까?

사회주의를 버리고 자본주의를 정착시키려고 했을 때 민주주
의 국가에서는 자본주의란 무엇보다 자유를 위한 것이라고 믿
었다. 성장은 좋은 것일지는 모르지만, 말하자면 차의 '최고 속
력'과 같다. 그것은 중요한가? 그렇다. 그렇다면 가장 중요한
가? 아니다. 자본주의는 분명 '성장'을 위한 비옥한 토양이다.
그러나 두 개의 관계가 역전되면서 우리는 성장을 자본주의의
'필수조건'이라고 믿게 되었다.

자본주의에서 '시장'이란 것은 사는 사람과 파는 사람 모두 자유롭게 활동할 수 있는 일종의 '수단'에 불과하지 않은가, 그런데 '수단'이 비대해지다 주객이 전도되어 '목적'이 되어버린 것은 아닌가, 세들라체크는 그렇게 말하고 있습니다.

세들라체크가 나고 자란 체코는 과거 사회주의 체제였습니다. '시장'이 아닌 '계획'이 존재하는 사회에서 유년 시절을 보냈고 이후 자본주의를 접했으니, 세들라체크에게는 '시장은 곧 자유'라는 생각이 경험 속에 깊이 각인되었을 것입니다. 세들라체크는 이제, '성장'이 필수조건이 되어가는 '부자유'에 대해 고민해봐야 할 때라고 주장합니다.

그런 의미에서 인간은 정말 흥미로운 생물인 것 같습니다. 다른 것과의 비교를 통해서 무언가를 이해하니까요. 세들라체크가 말하는 '자본주의=자유주의'라는 감각은 사실 우리에게도 있었습니다. 사람들은 사회주의와 비교함으로써 우리가 살고 있는 자본주의라는 체제를 이해했죠. 그때만 해도 사람들은 지금보다 훨씬 단순하게 자본주의라는 제도를 정의하고 이해하고 받아들였던 것 같습니다. 대립되는 체제로서 사회주의가 존재했다는 것이 커다란 요인이었을 테지요.

'자본주의'는 시장에서 많은 사람들의 자유로운 의사로 매매가 이루어지고, 부가 분배되는 사회입니다. '사회주의'는 '계획 경제'라고도 불리며, 사회 전체에 필요한 물자의 양과 그 배분을 중앙 정부가 통합하고 계획하는 사회입니다. 이 정의에 따르면, 사회주의에는 자유로운 의사 결정권을 가진 판매자와 구매자가 있는 '시장'이 존재하지 않습니다. 가장 알기 쉬운 이미지로 생선 시장 경매를 떠올려볼까요? 그런 경매가 있는 게 자본주의, 없는 게 사회주의라고 볼 수 있습니다.

자본주의와 사회주의라는 두 사상 체계. 1989년 독일의 베를린 장벽이 붕괴되기 전, 많은 국가에 사회주의가 실제로 존재했었습니다. 소련을 중심으로 하는 동쪽의 사회주의 진영과 미국을 중심으로 하는 서쪽의 자본주의 진영으로 구분하고, 두 사상의 대립을 '동서 냉전'이라는 말로 표현하던 시대였습니다. 이런 동서의 장벽이 무너진 지 30년, 그동안 자본주의는 무너진 사회주의의 장벽을 타고 넘어 세계를 시장으로 삼아 몸집을 부풀려 왔습니다.

우리에게 필요한 새로운 투자

현대 사회가 전적으로 긍정하는 '성장지상주의'에 대해 좀더 깊은 고민이 필요하다는 것에는, 사실 스티글리츠도 동의하고 있습니다.

경제 성장에 대해 말할 때는 '성장'의 뜻을 명확히 하지 않으면 안 된다. GDP는 경제력을 측정하기에 좋은 지표라고 할 수 없다. GDP는 환경오염이나 자원 남용을 고려하지 않고, 부의 분배나 사회적 지속성도 고려하지 않는다. 문제점투성이다. 나는 경제에서 성장의 본질을 바꾸어나가야 한다고 굳게 믿는다. 물질주의적 경제(천연자원)를 욕심껏 쓰며 이산화탄소를 대량 배출하는 게 더 이상 지속 가능하지 않다는 것은 이미 명백한 사실이다. 더 이상 그런 성장은 이룰 수 없다. 그러나 다른 형태의 성장이 있다. 우리는 여전히 번영할 수 있고, 새로운 혁신을 이룰 수 있다.

그리고 그 대책으로서 그는 이렇게 덧붙입니다.

변화를 일으키려면 정부의 정책이 필요하다. '테크놀로지'와 '인프라'와 '교육'에 더욱 투자해야 한다. 지구 기온을 2도나 상승시켜버린 지금, 우리에겐 많은 투자가 필요해졌다. 경제를 정비하고, 새로운 에너지로 이행하고, 도시 구조를 바꾸는 일. 우리에게는 분명 거대한 수요가 존재한다.

이 주장엔 세들라체크 역시 동의할 테지요. 지금까지 투자해
왔던 분야에만 계속 돈을 쏟아 붓는다면, 자연을 파괴하고 환경
을 악화시키며 자원을 고갈시킬 뿐…… 방향을 바꿔 지금까지는
'산업'으로 인식하지 않았던 분야에 투자해야 한다, 사회 전체를
좋은 방향으로 이끌어갈 자본주의는 틀림없이 존재한다, 그는
이렇게 말하고 있는 것입니다.

시간이 부를 낳는 마술, '이자'

계속적인 성장이 중요하다는 인식 쪽으로 자본주의가 방향을
트는 데 결정적인 힘을 발휘한 아이디어가 있었습니다. 바로 '이
자'였습니다. 이자란 말하자면, '시간이 부를 낳는 마술'이었죠.

"런던에서 장사를 하려는데 100피오리니를 빌릴 수 있을까
요?" 14세기 이탈리아 피렌체에서 한 상인이 그렇게 의논을 해
왔습니다. 일하지 않고 벌어들이는 불로소득(이자)에 교회가 도
끼눈을 뜨고 감시하던 그곳에서 말이죠. '잠깐, 피렌체와 런던의
환율 차이를 이용한다면……' 화폐를 국경 너머로 이동시킴으로
써 이익을 창출한다는 발상을 한 사람의 이름은 조반니 메디치.
15세기에서 18세기에 걸쳐 상업과 금융으로 거대한 부를 이룬
메디치 가문의 조상입니다. 그는 이러한 거래를 되풀이하면서 막

대한 이익을 남깁니다. 공간 차이를 이용해 이익 증식의 탈출구를 찾아낸 셈이었죠.

그때까지 대부분의 종교에서 금지했던 '이자'라는 개념이 사회적으로 인정을 받았다는 것. '자본주의 최대의 발명'이자 '금단의 열매'는 바로 이것이었는지도 모릅니다. '시간이 돈을 낳는다.' '시간은 돈이다.' 단순히 제도에 그치지 않고 시간도 하나의 '상품'이라는 인식이 사람들 사이에 퍼지고 각인되어간 것은 커다란 역사적 사건이었습니다.

지금도 현대 자본주의에서 중요한 역할을 하고 있는 '이자'에 대해 세들라체크는 이렇게 경고합니다.

이자는 칼이나 불과 같은 것이다. 제어가 불가능하다. 이자율을 어떻게 다루면 좋을지, 사실 잘 알 수가 없다. 문명사회는 '안정'을 팔아치우고 그 대가로 '성장'을 산다. 우리는 끊임없이는 아니더라도, 대부분 성장하는 경제를 일구어왔다. 그러나 지금은 그것이 무너져가고 있다.

그리고 이런 재미있는 비유로 설명합니다.

'이자'는 알코올과 같다. 둘 다 에너지를 시간여행시킬 수 있으니까. 금요일 밤에 술을 마시면 갑자기 노래를 부르게 되지 않나? '이 넘칠 것 같은 에너지는 술이 만들어낸 것'이라고 사람들은 생각할지 모르지만 아니다, 틀렸다. 술이 에너지를 주는 게 아니다. 술은 그저, 토요일 아침에 쓸 에너지를 금요일 밤으로 이동시켰을 뿐이다. 숙취는 다음 날이면 어김없이 찾아오지만, 돈은 40년이고 50년이고 시간을 초월할 수 있다. 그 때문에 위기가 찾아오기도 한다. 에너지가 갑자기 사라져버리는 것이다. 정작 그것이 필요한 때에.

성장과 안정 사이

말하자면, 이 '성장'에 대해 어떻게 생각하느냐 하는 문제가 현대 경제학이 맞닥뜨린 가장 큰 쟁점이라고 할 수 있습니다. 스티글리츠와 세들라체크, 두 사람 모두 현실 자본주의 세계가 직면한 어려운 상황과 왜곡된 방향성에 대해서는 비판적입니다. 그러나 그 대응책으로 지금까지 시장의 논리에서 외면받았던 분야로 방향을 전환해 해결책을 모색하고자 하는 스티글리츠와, 시장 본연의 의의는 '자유'이지 '성장'이 아니라는 세들라체크 사이에는 깊은 골이 존재합니다.

'성장'이냐 '안정'이냐. 단순히 말하면 이렇습니다. 이것이 현대 자본주의에서 많은 경제학자들이 골머리를 앓고 있는 커다란 문제임을, 인용한 두 사람의 말을 통해 잘 이해할 수 있을 것입니다. 이런 양자택일을 '이원론'이라고 하는데, 이원론이란 일단 머릿속을 정리할 때는 좋지만 어디까지나 정리를 해둘 때의 사고법일 뿐입니다. 중요한 것은 이렇게 단순한 도식을 떠올리면서도, 그 사이에 있는 다양한 선택지의 가능성을 따져보거나 무엇이 본질인지를 고민해보는 것입니다. 본질을 생각한다는 것은 정말이지 어려운 일이지만, 어려운 만큼 의미 있는 일이기도 합니다.

물건을 만드는 산업에서
사람과 사람을 연결시키는 산업으로 경제의 주역이 바뀐 지금,
서비스업에서는 마음을 충족시켜주는 산업이 주목받고 있습니다.
이런 시대일수록 더 깊이 고민해봐야 할 것이 있습니다.

제 3 강

'공감'마저 상품이 되는 시대

정신을 빼앗는 자본주의의 덫

'마음'도 상품이 된다

좋아하는 아이돌을 위해서라면 아르바이트로 모은 돈을 다 써도 좋다고 생각하는 사람들이 있습니다. '응원해주고 싶다'는 마음을 소비 행동으로 표현하는 것인데요, 현대 사회에서는 이렇게 마음을 움직이는 경제가 점점 그 비중이 커지고 있습니다.

전후 고도경제 성장기에는 대표적인 상품들이 있었습니다. 컬러텔레비전, 에어컨, 자동차 같은 것들 말이죠. 사람들은 차곡차곡 돈을 모아 이 고가의 제품들을 사들였습니다. 세상은 온통 알기 쉬운 물질적 욕망으로 넘쳐났지요. 그러나 80년대에 거품경기라 불리는 경제적 풍요로움을 달성하고 90년대에 거품경제가 붕괴되는 경험을 하는 동안, 우리의 경제를 지탱해온 주역은 '물건'에서 '경험'으로 바뀌었습니다.

그리고 이제 우리는, 사람들의 마음이 중대한 '상품'이 되는 시대를 맞이했습니다.

'상품화'의 시대

자본주의는 모든 것을 '상품'으로, 가능한 많은 것들을 시장에 유통시키려는 시스템입니다. 자본주의 구조의 핵심은 끝없는 경쟁이기 때문에, '사는 사람'과 '파는 사람'를 떠나 '시장'의 힘이 홀로 몸집을 부풀리기 시작하곤 합니다.

특히 최근 30여 년간 동독이나 소련처럼 전혀 다른 경제 원리로 움직이던 강국들의 장벽이 무너지면서, 글로벌한 자본주의는 마치 지구 위를 떠도는 아메바처럼 보입니다. 시장이라는 그물 안에서 그 틈새를 촘촘히 메우려는 듯, 조금이라도 다른 '차별성'을 내세워 무언가를 상품화해나가는 힘이 그저 놀라울 뿐입니다. 이는 기존 상품과는 다른 기능이 추가되는 것을 중시하는 '가치 부여'와 소비자들에게 기존 상품과는 다르다고 느끼게 하는 것을 중시하는 '차별화' 같은 사고방식이 전 세계에 확산되고 있다는 뜻이기도 합니다.

가치 부여와 차별화. 이것이야말로 상품 개발자에게 가장 중요한 기본 전략이라는 믿음은 '차별점만 있으면 상품이 된다'는 생각을 낳습니다. 그것은 다르게 '보이는' 것이 중요하다는 사고방식으로도 이어질 테죠.

시장은 '자유'를 최고의 가치로 삼는 곳입니다. 구매자가 있는 한 다양한 상품이 만들어집니다. 수요에 맞춰 새로운 서비스나 사업이 생겨난다면 물론 좋은 일입니다. 그 결과로 실업률 같은 사회 문제 해결에까지 도움이 될 가능성이 있으니까요. 저는 시장에 제동을 걸자, 노골적으로 욕망을 드러내는 자본주의를 규제하자, 땀 흘려 물건을 만들어내는 데 힘쓰자, 그런 설교를 늘어놓으려는 게 아닙니다. 변화하는 사회에는 유연히 대처해야 합니다.

그러나 모든 것이 상품화되어버리면, 결국 터무니없는 것들까지 상품이 될 수 있는 위험이 존재합니다. 지금껏 우리는 그런 것들에 대해 생각해보지 못했고, 배우지도 못했습니다. 뉴스에 간혹 등장하는 장기매매는 인간의 윤리의식을 의심케 하는 극단적인 예이기는 합니다만, 모든 게 상품화되는 현상이 폭주한 결과일지도 모릅니다.

왜일까요? 왜 지금 균형이 무너지고 있는 걸까요? 왜 어려운 상황들이 눈에 띄고 있는 걸까요? 이미 얘기했듯이, 세계화로 전 세계 시장이 연결되었다는 것, 많은 나라들이 이미 산업화를 달성했기 때문에 서비스와 정보가 주요 상품이 되는 상황에 돌입했다는 것이 중요한 포인트입니다. 현대 자본주의는 일정한 물질적 풍요를 실현시켰고, 바야흐로 '물건 소비에서 경험 소비' 단계에 진입했습니다. 게다가 '공감'이라는 마음의 영역이 관심 상품이 되어버림으로써 상황은 더욱 복잡해지고 있습니다.

시장에서의 매매가 자유롭다 보니 현대 자본주의는 일종의 '착각'을 낳곤 합니다. 제조업이 기본이었던 산업 사회와 달리, 현대 자본주의는 '비싸게 파는' 것에만 열중하게 되니까요. 정보와 지식, 서비스를 다루는 산업이 차지하는 비율이 높아 '후기 산업 사회'라 불리는 시장. 거기서 다뤄지는 상품들이 형태 없는 것들(체험, 공감, 감정)로 옮겨갈 때, 그 배후에는 어떤 구조가 자리하고 있을까요?

시장의 논리로 '정신'을 빼앗으려는 시대가 왔다

젊은 기업가인 마에다 유지 씨가, 젊은 논객들의 토론 프로그램인 〈신세대가 해결한다! 일본의 딜레마〉에 출연했을 때 이런 말을 했습니다.

"과거 고도성장기에는 가처분 소득(월급과 상여금 같은 소득에서 세금과 생활비 등을 뺀 나머지)을 뺏기 위해 서로 다투었습니다. 그 후 가처분 시간을 두고 경쟁하는 시대를 지나, 이제는 가처분 정신을 서로 빼앗으려는 시대에 돌입했습니다."

좀더 자세히 들여다볼까요? 아직 물질적으로 풍요롭지 않았던 시대에는 월급으로 텔레비전과 세탁기를 사고 싶다는 소비 행위가 기본이었습니다. 그런데 필요한 물건이 다 갖춰지고 나니 사람들은 더 나은 서비스를 원하게 되었고, '시간'이 중요한 상품이 되었습니다. 그리고 이제는 그다음 단계인, '공감'이 상품이 되는 시대에 돌입했습니다. 마음을 움직이는 '감동 체험' 같은, '정신'에 돈을 지불하는 시대에 들어섰다는 뜻입니다.

이것은 주목할 만한 기업가 중 한 사람이 사업적 관점에서 내린 흥미로운 분석인 동시에, '정신'과 '마음'의 영역까지 상품으로 파악하려는 이 시대의 어려움에 대해 곰곰이 생각하게 하는 말입니다.

여기에는 정말 어려운 딜레마가 있습니다. 자유로운 시장의 가능성인가, 거래의 지나친 방만함인가. 자유인가 방만함인가. 멋진 아이디어인가, 반윤리적인 행위인가. 그걸 누가 판단할까요? 자유로운 시장 거래에서 모호한 기준으로 윤리만 지나치게 강요한다면, 사회 전체에 마이너스 효과를 불러올 테죠. 그런가 하면, 개개의 기업가는 경쟁하며 새로운 사업을 일으킬 자유와 가

능성 말고도 사회 전체에 어떤 영향을 미칠 것인가에 대해 고민
해봐야 할지도 모릅니다.

'눈물'과 '사이다'에 가격이 붙을 때

무형의 서비스라 할지라도 수요와 공급이 만나 거래가 성립된
다면, 그것이 어떤 형태의 거래이든 상관없다는 것이 자본주의
시장의 원칙입니다. 그러나 마음이라는, 감정이라는 상품에는 특
수한 면이 있어요. 생산물이라는 결과에 이르기까지의 작업과
노동의 과정이 분명히 드러나고 그 가치와 가격에 합의하기 쉬
운 1차 산업이나 2차 산업의 매매와는 다르다는 뜻입니다.

예를 들어 인기 절정 콘서트가 있다고 하죠. 그 표를 사는 데
수십만 원이 들어도 좋다는 사람이 있을 수 있는 반면, 전혀 관
심이 없는 사람에게는 가치 자체가 발생하지 않습니다. '감동 체
험'이라는 상품의 가격 결정은 주관적 가치관에 의존합니다. 주
관적 가치관에 의해 생긴 일시적인 흥분이나 열광이 상품이 되
고 그 상품 가치가 커질수록 시장 가격도 함께 올라가면서, 가격
상승 그 자체가 가치를 결정하는 현상이 나타납니다. 후기 산업
사회에 널리 퍼져 있는 '감정'이라는 주력 상품, 눈물샘을 자극하
거나 가슴을 후련하게 하는 상품들은 사람들의 불안하고 흔들
리는 마음으로 인해 '부르는 게 값'이 됩니다.

좋아서 비싼 것인가, 비싸서 좋은 것인가

'가치'에도 두 가지 종류가 있다는 것을 분명히 알아둘 필요가 있습니다.

앞서 '가치'란 '시장'의 거래에서 생겨난다고 설명했지요? 빵도 1000원이고 볼펜도 1000원이라면, 둘 다 1000원으로 살 수 있기 때문에 이 둘의 '교환가치'는 동일합니다.

그러나 '가치'라는 말로 표현되는 것 중에는, 보다 중요한 의미인 '사용가치'라는 것이 있습니다. 이것은 구매하는 당사자가 그 상품을 실제로 사용할 때 느끼는 가치입니다. 빵을 먹으면 영양가와 에너지를 얻을 수 있고 맛있다고 느낄 수 있습니다. 볼펜을 사용하면 글자를 쓰든 그림을 그릴 수 있을 테죠. 이처럼 교환가치는 시장에서 결정되는 데 반해, 사용가치는 각자의 주관에 의해 결정됩니다. 교환가치가 아무리 높아도 자신에게 사용가치가 낮다면 거래를 할 이유가 없겠죠. 관심 없는 콘서트 표가 그런 것들 중 하나일 테고요.

하지만 우리가 항상 이렇게 냉정하게 가치 판단을 내릴 수 있을까요?

물건과 달리 객관적인 실체가 없는 서비스 제품이라는 것은, 다양한 이미지들로 인해 그 가치가 일정하지 않고 흔들리게 마련입니다.

'감동 체험' 상품 1

'감동 체험' 상품 2

"그 콘서트 대박이야!" "100만 원도 아깝지 않아." "죽기 전에 꼭 한 번은 봐야 해." 인터넷에서 그런 댓글을 본다면, 주위 사람들이 그렇게 추천한다면 어떨까요? 마음이 흔들리지 않을까요? 〈인기 폭발, 가격이 두 배로 뛰었습니다!〉라는 문구라도 보게 된다면 어느새 이런 마음이 들지도 모르죠. '20만 원에 이렇게 핫한 콘서트를 볼 수 있다니 운이 좋았어!'

시장에서의 균형 감각

상품화되는 체험과 감정일수록, 그 자체의 '사용가치'가 아니라 '교환가치'로 그 본질적 가치가 결정된다는 착각이 일어나기 쉽다는 말입니다. 그리고 어쩌면 이는 착각이라기보다 후기 산업자본주의 시스템의 본질이라고 할 수 있을지도 모르겠습니다.

상품이 '체험'이나 '공감'일 경우, 시장의 움직임은 개인으로 끝나지 않습니다. 구입자는 감정을 소비할 뿐만 아니라 그 느낌을 주변 사람들에게 전달하고, 인터넷으로 확산시키면서 증폭시킵니다. 그것이 '감동'이라는 기쁨이든 '최악'이라는 분노든, 시장에 영향을 미친다는 뜻에서는 똑같습니다. 또 하나의 마음의 움직임이 상품의 가치를 변화시키는 것입니다.

자본주의 사회에서는 시장에서의 교환가치라는 논리가 점점 더 큰 비중을 차지하게 됩니다. 체험과 공감, 인생에서 무엇과도 바꿀 수 없는 '소중한 것'과 같은 감정들마저도 어느새 시장에 삼켜져 '교환 가능한' 것으로 치환되고, 모든 것이 상품이자 소비재가 되어버립니다. 그리고 그것이 극단으로 치달았을 때, 인생 그 자체가 상품화되었더라는, 영화 같은 데서나 본 적 있는 스토리가 될 수도 있습니다. 시장을 노련하게 이용하고 있다고 믿었던 구입자 혹은 판매자가, 실은 타인에게 자신의 인생을 송두리째 이용당했다는 결말이 기다리고 있을지도 모르고요.

　다시 한 번 정리해보겠죠. '사용가치'와 '교환가치'.

　현대 사회는 이 두 가지가 뒤엉켜 있고, 교환가치를 높이는 것 자체가 하나의 사용가치라는 착각을 낳기 쉬운 사회라 할 수 있습니다. '사과를 비싸게 파는 것'이 '사과의 맛'이라는 착각 말입니다. 그리고 어느 정도는 바로 이 '착각'으로 인해 자본주의가 하루하루 업데이트되고 있으며, 이것이 또한 자유를 유지해주는 측면이 존재한다는 것도 사실입니다.

　그러나 이 두 개의 가치를 오가며 시장에서의 거래가 성립되고 자본주의 시스템이 움직이고 있다는 것. 심플하기 때문에 역전되기 쉬운, 시장에서의 인간 심리가 있다는 것을 잊어서는 안 되겠지요.

인간의 마음은 복잡합니다. 자본주의 안에서 우리는, 두 가지 가치 사이에서 분열된 채 살아가고 있습니다. 어떻게 균형을 잡을 것인가, 관건은 그것입니다.

너무 복잡해…

자본주의 경쟁에서 주도권을 잡을 때
강력한 무기가 되는 게 바로 '테크놀로지'입니다.
기술 개발 경쟁은 그 원동력이 되어왔고요.
하지만 현대의 스마트폰이 상징하듯,
디지털 기술은 사회 전체의 발전으로 이어지지 않고
격차를 낳습니다. 왜 그럴까요?

창조적이 되어야 해···

제 4 강

테크놀로지가 격차를 낳는다

창조적이 되어라!
그렇지 않으면 죽음이다

새로운 테크놀로지와 경제 성장

미국, 유럽과 같은 선진국에서는 경제 성장이 멈추고, 그로 인해 계급 격차가 심화되고 있습니다. 부유한 사람들과 가난한 사람들 사이에 격차가 생겨 '분단'이라고까지 불리는 상황이 벌어지고 있지요. 그 원인을 세계가 시장으로 연결된 '세계주의'에서 찾는 사람들은 '반反세계주의' 운동을 벌이기도 합니다.

그런데 사실, 그 저변에는 세계화뿐만 아니라 테크놀로지의 발달이 초래한 현상도 원인으로 존재합니다. '디지털 혁명'이라 불리며 컴퓨터를 기반으로 한 신기술이 매일같이 생겨나고 급속도로 새로운 발전을 이루는 시대, 그러나 대부분의 선진국에서는 경제 성장이 디지털화 속도를 따라가지 못하고 있습니다. 그것이 지금 심각한 사회 문제를 야기하고 있고요.

4강과 5강에서는 프랑스 사회경제학자 다니엘 코엔의 말을 소개하면서 인공지능과 같은 새로운 테크놀로지가 우리에게 던지는 질문들에 대해 생각해보도록 하겠습니다.

도미노처럼 확산된 금융위기

세계는 2008년 금융위기에서 차츰 벗어나려 하고 있다. 큰 금융위기 이후에는 보통 경기가 침체된다. 하지만 사실 금융위기 이전부터 이미 선진국의 경기는 침체 국면으로 접어들고 있었다. 현재 경기 침체의 직접적인 원인은 금융위기가 아닐지도 모른다. 제대로 이해하기 위해서는, 경기 침체가 금융위기를 야기했다고, 뒤집어 생각하고 논의해볼 필요가 있다.

2008년, 주가가 폭락해 전 세계 경제가 동시다발적으로 큰 타격을 입었습니다.

신용이란 참 덧없는 것입니다. 일단 못 믿겠다 싶으면 모든 것이 불안해지기 시작합니다. 그런 악몽이 실제로 일어난 것이, 미국의 거대 투자은행인 리먼 브라더스의 경영 실패와 이후 주가

폭락이 방아쇠를 당긴 국제 금융위기입니다.

벼랑 끝에 몰리게 된 원인은 '서브프라임 모기지론'이라 불리는 저소득층 대상의 주택담보대출이었습니다. 다른 대출보다 심사 기준이 허술했고, 대출금 상환 능력이 없는 사람들까지도 이용할 수 있도록 설정되어 있었죠. 대출 금리도 높았고요. 돈을 빌려 구매한 주택 가격이 상승하는 동안에는 상환이 어렵더라도 다시금 대출을 받을 수 있었지요. 그런데 만약 주택 가격이 하락한다면……? 이렇게 해서 파산한 사람들이 속출한 게 금융위기였습니다.

여기서도 시장의 논리와 이자라는 마술, 자본주의의 근간을 이루는 두 가지 개념으로 이 사태를 설명할 수 있습니다. 주택의 교환가치가 올라가는 동안에는 어떻게든 유지가 되지만, 주택 가격이 일단 떨어지기 시작하면 빚으로 빚을 갚아야 하는 악순환에 빠지게 됩니다. 이 서브프라임 모기지론은 2003년 후반부터 주택 붐이 일어난 미국에서 이용자가 급증했습니다. 하지만 이후 주택 가격 상승률이 둔화되면서 대출금을 갚지 못하는 사람들이 늘어났고, 그 결과 대출 회사 자금 순환에까지 문제가 생기자 신용 불안이 발생한 것이죠.

지금은 전 세계가 연결된 세계화 시대입니다.

주택을 산 사람들에게 돈을 빌려준 대출 회사는 전 세계 사람들을 대상으로 투자라는 명목 하에 돈을 거둬들여 경영하고 있었지요. 증권으로 만들어지고 금융 상품으로 국제 시장에서 매매되던 대출의 가치가 한꺼번에 폭락했습니다. 한 가지 대출의 신용력 저하는 금융 상품 자체의 신용력 저하로 이어졌고, 이에 투자했던 유럽과 미국의 금융기관들까지 막대한 손실을 떠안게 되자 그 손실을 메꾸기 위해 보유 주식을 파는 움직임이 가속화됐습니다. 전 세계 주식 폭락으로 이어진 이 모든 움직임은 거의 동시다발적으로 발생했습니다. 금융위기는 현대 자본주의가 '전 세계를 대상으로 하는 도미노 게임'이라는 사실을 각인시킨 결정적 사건이었습니다.

자, 다시 본론으로 돌아가죠.

전 세계 시장을 뒤흔든 금융위기 발생 이후 10년. 이후 디지털 세계에서 테크놀로지는 급속도로 진보를 거듭하고 있지만 미래의 경기는 여전히 불투명합니다.

왜일까요?

현대 테크놀로지의 진보는 사회 전체에 이득을 가져오는 것이 아니라, 수혜 계층이 상당히 편중되어 있다고 진단하는 전문가들이 있습니다. 그들은 미국에서도 테크놀로지 진보의 혜택을 입는 것은 아주 극소수 초부유층뿐이라고 지적합니다.

최신 기술의 혜택을 누리며 세계 시장 전체를 관망할 수 있는 초부유층은 스마트폰이 보급되기 이전보다 지금, 훨씬 더 막강한 힘이 있습니다. 한편, 인구의 많은 부분을 차지하는 중산층 사람들은 새로운 테크놀로지의 혜택을 입지 못하는 것 같습니다. 오히려 새로운 테크놀로지가 그들의 일을 대신하게 되면서 일자리를 빼앗길 위험에 처해 있습니다.

많은 경제학자들 역시 새로운 테크놀로지로 인해 양극화가 심화되었다고 주장합니다. 고소득층은 새로운 테크놀로지로 인해 혜택을 입고, 중산층은 타격을 입습니다. 저소득층 사람들은 낮은 임금에 허덕이며 살아갈 수밖에 없고요. 새로운 테크놀로지가 사람들의 일상생활 전반에 침투한다고 해서, 그것이 경제 성장으로 이어지는 것은 아니라는 사실이 명백해지고 있습니다. 새로운 테크놀로지는 생산성을 향상시키는 것이 아니라, 많은 사람들에게서 일자리를 빼앗아 오히려 생산성을 떨어뜨리고 있는 것이죠.

저기요, AI에게
맡겨주시겠습니까?

미국에서는 상위 10퍼센트가 지난 30년간 경제 성장의 혜택을 독점하고 있다. 새로운 테크놀로지는 상위 10퍼센트에게만 혜택을 주고, 나머지 90퍼센트를 압박하고 있다.

'새로운 테크놀로지가 발전하고 있는데 경제는 침체되고 있다.'

이는 산업 혁명 이후 200년 넘는 역사에서 처음 맞닥뜨리는 커다란 역설입니다. 새로운 테크놀로지는 많은 중산층에게서 일자리를 빼앗기 때문에 사람들은 보다 낮은 기술로 낮은 임금을 받는 직장으로 옮겨가야만 합니다. 경기 침체와 양극화가 동시에 벌어지고 있는 커다란 원인이라고 할 수 있겠지요.

그 배경에는 테크놀로지 말고도 다양한 요소가 있을 수 있습니다. 모두가 단결해 임금 상승을 주장하는 노동조합이 약해진 점 등 사회 변화에 따른 영향이 있을 수도 있습니다. 그러나 새로운 테크놀로지의 약진과 경기 침체가 동시에 발생하는 이유는 테크놀로지의 성격 자체에 있는 것은 아닐까요? 효율이 좋고 생산성이 높은 새로운 테크놀로지가 중산층의 일을 보완해주는 것이 아니라 오히려 빼앗아버리는 현실을 직시해야 할 때입니다.

디지털 혁명은 산업 혁명과 무엇이 다른가

미국에서는 이미 많은 루틴 워크, 다시 말해 변화가 적고 순서가 정해진 일들은 새로운 테크놀로지가 대체하고 있습니다. 마트 계산대, 청소, 운반과 같은 루틴 워크를 하는 사람들이 서서히 일자리를 잃고 있고, 세계 각국에서도 같은 일이 벌어질 것입니다. 테크놀로지가 가져올 변화란 어떤 것일까. 지금, 미래를 생각하기 위해서는 역사를 뒤돌아볼 필요가 있습니다.

200년 전의 산업 혁명과 비교해보자. 가장 큰 예가 '농업'이다. 기술 혁명으로 전 세계 농민들이 일자리를 잃었고, 그 결과 20세기를 관통하며 선진국에서는 농민의 수가 급감했다. 기술 혁신으로 생산성이 향상되었기 때문에 이전보다 노동력이 필요하지 않게 된 것이다. 그 결과, 무슨 일이 일어났는가?

그러나 코엔은 현대의 디지털 혁명과 과거의 산업 혁명이 크게 다르다고 말합니다.

산업 혁명 당시, 농업을 떠난 사람들은 도시로 이동하여 공장 노동자가 되었다. 도시에서는 노동력이 부족했기 때문이다. 다시 말해 기술 혁신이, 농민을 공장 노동자로 바꾼 것이다. 그리고 농촌에서 도시로 노동자가 이동함으로써, 산업 혁명을 통한 경제 성장을 더욱 가속화시켰다. 20세기 경제가 급성장할 수 있었던 것은, 이 두 가지 사건이 동시에 일어났기 때문이다. 농업 생산성 향상으로 식량의 가격이 내려갔고, 기계화된 새로운 공장에서 일하는 노동자가 늘어났다.

산업 혁명 시대에는 일자리를 잃은 사람들이 농촌을 떠나 도시로 유입됨과 동시에, 공장이 노동자를 필요로 했습니다. 노동자들의 이동으로 경제가 더욱 활성화된 것이죠. 변화가 '성장'을 불러일으킨 셈입니다.

그러나 과거의 산업 혁명과 달리, 우리가 경험하는 디지털 혁명에서는 노동자를 필요로 하는 현장이 별로 없는 것 같습니다. 기술 혁신으로 생산성이 높아지고 많은 사람들이 일자리를 잃고 있는데, 이를 대신할 다른 일거리가 적다는 것입니다. 은행업, 보험업 같은 분야에서도 이미 직장에서 내몰린 사람들이 있습니

산업 혁명과 디지털 혁명

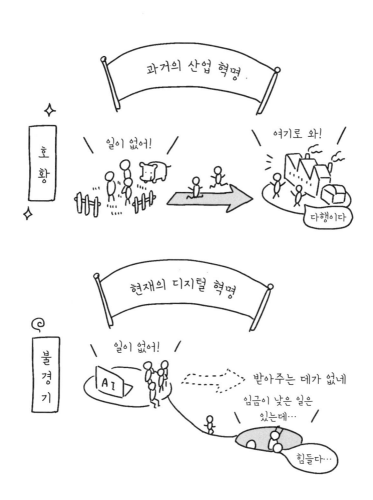

다. 이는 '정신노동'처럼 보이는 일들 중에도, 자세히 들여다보면 기계가 대신하기 쉬운 일의 과정이 많다는 걸 뜻합니다. 이런 사람들은 새로운 테크놀로지로 인해 일을 뺏기게 되는데, 이전보다도 생산성을 높이는 것, 다시 말해 이전보다 좋은 보수를 받는 일에 종사하기가 힘든 경우가 많습니다. 새로운 일을 구하더라도, 생산성이 그다지 높지 않은 일들만 남아 있는 상황인 셈이죠. 여기서 다시 격차가 벌어집니다.

테크놀로지가 사람보다 가치 있다?

물론 인간의 노동력이 불필요해졌다는 뜻은 아닙니다. 의료, 교육, 요양 시설 등 노동력이 필요한 일들은 여전히 많습니다. 그러나 그런 서비스는 요금이 비싼 탓에 정작 필요한 사람이 이용하지 못하는 상황이 벌어지고 있는 것도 사실입니다. 첫머리에 썼듯이, 시장 원리가 작용하여 '건전한 경쟁'이 이루어진다면 서비스 가격도 내려갈 테죠. 다만 아직은 노인들이 서비스를 이용할 수 있을 만큼 생산성이 높지는 않다는 말입니다.

그리고 '사람만이 할 수 있다'고 믿기 쉬운 일들 중에서도 단순화, 형식화, 패턴화 할 수 있는 프로세스는 앞으로 로봇이나 인공지능 같은 다양한 테크놀로지에 의해 대체될 것입니다.

하나 더, 테크놀로지에 일자리를 뺏기고 사람들이 할 일이 없어져가는 것도 문제입니다만, 사람들이 성장 분야에서 적절한 임금을 받으며 일할 수 없다는 것, 이전보다 생산성이 낮은 분야에서 낮은 임금을 감수하며 살아갈 수밖에 없다는 것이 더 심각한 문제라고 할 수 있지 않을까요? 다시 말해, 테크놀로지의 시장 가치가 인간의 노동력보다 더 높아지는 상황이 벌어지고 있는 것입니다.

현대 자본주의가 혼란스럽게 느껴지는 이유는, 이행기로 접어들고 있으면서도 앞으로의 세계가 명확한 비전으로 제시되지 않기 때문입니다.

새로 일자리를 얻는 사람과 지금까지의 일자리를 잃는 사람 사이의 분열은 같은 분야, 같은 업계 내에서도 발생하고 있습니다. 같은 산업, 같은 서비스업 안에서도 새로운 테크놀로지가 노동자들의 생활 패턴을 바꿔버리고 있는 것이죠. 이는 '일' 자체에 대한 새로운 관점을 제시하고 있는지도 모르겠습니다. 앞서도 몇차례 언급했습니다만 정형화된 루틴 워크인가, 정형화되지 않은 비루틴 워크인가 하는 차이 말입니다.

이전에는 공업과 농업, 혹은 전문성과 비전문성 같은 관점으로 직업을 파악했었습니다. 지금도 세대에 따라서는 이런 분류가 더 익숙할지도 모릅니다. 당연한 것인지도 모르죠. 기술이 풍요를 약속해주었고 경제 성장을 피부로 느낄 수 있었던 시대가 있었으니까요. 기술의 진보는 전문성이나 지식을 갖춘 노동자, 다시 말해 고학력자들에게 유리하다고 여겼고, 교육을 받아 전문성을 갖추면 누구나 기술의 진보를 통해 혜택을 입을 것이라고 믿었습니다.

그러나 지금 시대에 생겨나고 있는 '루틴 워크와 비루틴 워크'라는 구별은 사람들의 불안한 심리를 더욱 부채질할 뿐입니다. 어떤 일을 하든 어떤 지위에 있든, 루틴 워크를 테크놀로지가 대신하면서 직업을 뺏길 위험이 생겼기 때문입니다. 지식과 전문성을 갖춘 일을 하는 사람이라도, 컴퓨터가 대신할 만한 방식으로 일을 하고 있다면 언제든 대체 가능하다는 뜻입니다.

이전처럼 고학력이라는 조건만으로는 더 이상 일자리를 지킬 수 없습니다. 지금의 상황은 상당히 복잡하게 얽혀 있습니다. 이 직업은 살아남을 것이고 저 직업은 사라질 것이다, 단순히 그런 얘기가 아니니까요. 일의 내용을 분석했을 때 패턴화할 수 있는 요소가 많은 일부터 하나씩, 기계와 인공지능에게 빼앗기게 될 것입니다.

예를 들어 복잡한 요소가 얽혀 있어 순간적인 판단력이 필요한 주식 투자 같은 일이라 해도, 단순히 쌀 때 샀다가 비쌀 때

파는 식으로 업무를 진행하는 경우라면 컴퓨터에 밀려나게 되겠죠. 같은 투자자라 해도 패턴화할 수 없는 중장기적 관점과 다양한 시점으로 시장을 바라보며 성과를 내는 사람들이라면 일을 계속할 수 있을지도 모릅니다. 일률적으로 이 일은 괜찮고 저 일은 없어진다 하는 단순한 예측을 할 수는 없습니다. 이런 복잡성이 이전에 있었던 변화의 위협과는 다른 부분입니다.

모두가 예술가로 살 수 있을까

우리는 '반복'의 위기에 사로잡혀 있다. 컴퓨터에 밀려나지 않을 일은 비루틴 워크뿐이라는 강박관념은 사람들에게 심각한 압박을 가한다. 마치 우리 모두가 '예술가'가 되어야 할 것만 같다. 끊임없이 스스로를 개혁해야만 할 것 같다. 정신분석학자 프로이트는 말했다. "예술가로 사는 건 불가능하다. 자신의 인생을 예술가의 인생으로 만들어서는 안 된다. 예술가는 불행하기 때문이다. 예술가는 창조성의 결여에 대한 공포에 늘 사로잡혀 있다." 그런 삶은 너무나 고단하지 않을까?

누구나 예술가처럼 살아갈 수 있다고 믿거나, 그래야만 한다는 강박에 사로잡힌 사회는 위험하지 않을까요? 코엔의 의문에는 그런 절박함이 묻어 있습니다.

실은 담담하게 일하는 걸 더 좋아해…

　지금 시작되려고 하는, 아니 이미 시작된 새로운 테크놀로지의 세계는 늘 그런 긴장 속에 놓여 있습니다. '내가 잘하는 건 과연 무엇일까?' 하고 늘 스스로에게 질문을 던져야 하죠. 그것은 스트레스와 긴장감을 낳을 테고, 지쳐서 낙오하는 사람들이 속출할지도 모릅니다.

　사람들은 항상 능력을 한계치까지 쏟아내도록 요구받고 있습니다. 이것이 과거의 노동자와 현대의 노동자가 다른 점입니다. 새로운 테크놀로지는 지금까지 쌓아온 안정된 사회를 무너뜨리기 시작했는지도 모릅니다.

목표가 명확한 경제의 시대는 지나갔다

　조금 큰 관점으로 이미지를 떠올려보죠.

　지금까지의 산업 사회는 코엔의 말을 빌리자면 '반복의 문명'일지도 모릅니다. 다시 말해 출발 지점과 목표 지점이 명확한 경제라고 할 수 있겠지요. 예를 들어 청소기 같은 가전제품을 만든다고 했을 때, 먼지를 빨아들이는 기술이 확립되고 난 후에는 '보다 싸고' '보다 성능 좋은' 청소기를 만들려는 경쟁이 벌어집니다. 시장 가치가 높은 히트 상품이 하나 개발됐다면, 생산량을 최대화하는 것이 목표가 되어 동일한 작업을 '보다 빨리' 반복할 것을 요구합니다. 더 큰 효율을 목표로 할 때에는, 공정의 한 과정을 '보다 싸게' 맡아주는 아웃소싱을 찾으려는 방향으로 진화해왔습니다.

하지만 이제 우리는 과거에 산업이 농업 생활을 무너뜨렸듯이, 오래된 산업의 콘셉트를 무너뜨리는 세계에 진입하고 있습니다. 사람들의 생활을 완전히 바꿔버린 과거의 산업 혁명과 마찬가지로, 이는 엄청난 혁명이 될지도 모릅니다.

안심하고 살 수 있는 삶에 대한 보장은 물질적인 보장과는 다른 차원의 문제입니다. 모든 사람이 늘 예술가처럼 산다는 건 견디기 힘든 일입니다. 일생 동안 생산적이어야 한다니, 모든 사람에게 평생 새로운 발견을 요구하는 사회는 가혹한 사회라 하지 않을 수 없습니다.

안심하고 살아갈 수
있을까…

'기본소득'이라는 해법

예술가 같은 인생을 행복하다고 할 수 있는지 하는 문제는 차치하고, 새로운 테크놀로지와 공존하는 사회에서는 '기본소득'이 하나의 해법일지도 모릅니다.

'기본소득'이란 생활에 필요한 최소한의 돈을 사회 구성원 모두에게 배분하는 제도를 말합니다. 지속 가능한 일을 찾는 게 어려워진, 지금까지 맞닥뜨려본 적 없는 이 시대에는 사람들에게 최저 생활비를 보장해주는 일이 무엇보다 중요합니다. 근로자에게 가장 필요한 것은 평생 확실한 보장이 있다는 것입니다. 그런 의미에서, 각자가 처한 상황에 관계없이 사회적으로 최소한의 보장이 이루어지는 기본소득이라는 제도에 찬성하는 사람들이 점차 늘고 있습니다. 이는 인생의 불확실성에 대비하는 데 도움이 될 테죠.

물론 현실적인 문제에 즉각 부딪치게 될 것입니다. 재원을 어떻게 충당할 것인가, 지급액을 얼마로 정할 것인가, 모두에게 일률적인 금액을 지급할 것인가 등등 모두의 합의를 얻어야 할 어려운 문제가 산재해 있습니다.

"창조적이 되어라! 그렇지 않으면 죽음이다"

루틴 워크, 기계처럼 똑같은 일을 반복한다는 것은 고통스러운 일이기도 합니다. 공장에서 컨베이어 벨트 작업을 할 때에는, 인간으로서의 측면을 잊도록 강요당하는 것이나 마찬가지니까요. 테크놀로지에 의해 그런 비인간적인 반복 작업이 사라져가고 있습니다.

그런데 이제는 창조력의 추구가 새로운 의무가 되어버렸습니다. 다시 말해 이번에는 창조성을 '착취당하고' 있는 셈입니다. 루틴 워크가 노동의 중심이었던 세계에서 '착취당하는' 것은 체력이었습니다. 지금은 창조력이지요. 어떤 의미에서는 진보했다고 할 수 있겠지만, 모순을 안고 있고 극단적인 상황에 처해 있다는 점에서는 별반 다를 게 없습니다.

> 사람들은 창조적이지 않으면 안 되게 되었다. '기계가 되고 싶지 않아. 인간답게 살고 싶어' 하는 소망과 '창조적이 되어라! 그렇지 않으면 죽음이다' 하고 강요받는 건, 다른 문제다.

GAFA라는 말을 들어본 적이 있나요?
구글, 애플, 페이스북, 아마존의 머리글자를 딴 것입니다.
IT화된 현대 사회에서 인간의 욕망을
비즈니스로 바꾸는 세계적 기업들이죠.
이 기업들과 관련된 무엇이 문제일까요?

Google
Apple
Facebook
Amazon

제5강

'세계 표준'의 시대

GAFA는 '현대의 신'인가?

가상 자본주의가 힘을 가진 시대

제조업이 주역이던 시대에서 후기 산업화 시대로 접어들면서 드러나기 시작한 실태는, 유감스럽게도 어떤 면에서는 환멸과 실망을 안겨주고 있습니다.

우리는 물질주의 사회에서 벗어난 게 아닙니다.

실제로는 여전히 물질주의의 한가운데 있습니다.

인터넷 세계가 포스트 물질주의적 세계의 이상을 어느 정도 반영하고 있기는 합니다. 인터넷 비즈니스를 펼치는 네 개의 거대기업 GAFA가 그 중심에서 군림하고 있죠. 그러나 이런 세계가 펼쳐졌다고 해서 우리가 일할 필요가 사라진 것은 아닙니다. 다른 문제가 출현했죠.

"그럼 앞으로는 어떤 일을 하면서 먹고살아야 할까?"

현대 사회에는 분명 이런 모순이 존재합니다. 사람들은 경제적 세계에서 벗어나고 싶어 하지만 실제로는 그럴 수 없습니다. 사야 할 게 아직 남아 있기 때문이죠. 집도 필요하고, 아이들 교육비며 부모에게 들어가는 의료비, 요양비도 발생합니다. 여전히 돈이 필요한 곳이 많습니다. 따라서 소득을 얻기 위한 일은 아주 중요하죠. 그렇기 때문에 일자리를 찾기 힘든 사회에서는 물질주의에서 벗어나기가 어려운 것입니다.

우리가 돈으로 사는 것들은 대체로 사는 곳과 관계되는 것, 그리고 만나는 사람들과 관계되는 것들입니다. 사실, 타인과 관계를 맺으며 사는 것 자체가 돈이 드는 일입니다. 외딴섬에 혼자 컴퓨터를 들고 가 햇볕을 쬐며 지내고 싶다면 많은 돈이 없이도 가능하겠죠. 그러나 타인과 관계를 맺으며 살고 싶다면 돈이 필요합니다. 바로 여기에, 아직 다른 해결책을 찾지 못한 문제가 있습니다.

인간은 고독을 원하면서도 정작 완전한 고독은 견디질 못합니다. 그것은 어른이고 아이고, 차이가 없습니다.

시골 생활을 꿈꾸던 친구가 시골에 싼 집을 찾아냈다. 그 집을 몇 명이 공동으로 구입해 휴가를 같이 보내기로 했다. 그러나 휴가는 오래가지 못했다. 같은 멤버로 계속해서 지내다 보니 결국 따분해진 것이다. 타인과 관계를 맺으며 살아가려면 대가가 필요하다. 좋은 의료혜택을 받고 싶으면 시골보다는 도시가 낫고, 아이들 학교 문제도 마찬가지다. 타인과 관계를 맺고 살아가고 싶다는 욕구 자체가 생활비를 더 들게 만든다. 그것이 포스트 물질주의 사회로 옮겨갈 가능성을 낮추는 하나의 요인인지도 모른다.

회사가 하는 역할

경제 사회적인 측면에 대해 말하자면, 인터넷은 지금까지의 시장 구조를 변화시켰습니다.

집을 사용하지 않을 때 자기 집을 관광객에게 빌려주는 '에어비앤비'나 운전기사가 앱 호출을 받고 손님을 태우러 가는 '우버'처럼, 인터넷은 생산자와 소비자를 연결시키는 시장 기능을 효율화했고 수요와 공급의 법칙을 강화시키고 있습니다. 인터넷을 매개로 하면 이론상으로는 그 누구의 손도 빌리지 않고 수요와 공급을 일치시킬 수 있습니다. 인터넷이 어떤 의미에서는 애덤 스미스의 '보이지 않는 손'처럼 기능한다는 뜻이죠.

인터넷
=
'보이지 않는 손'

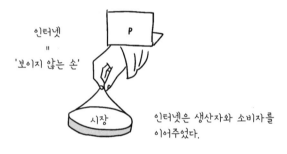

인터넷은 생산자와 소비자를
이어주었다.

때문에 현대 자본주의는 지금까지 거래 사이에 개입해 이익을 취하던 기업의 '수익'을 감안하지 않아도 되는 방향으로 나아가고 있습니다. 지금까지 기업과 조직이 담당했던 시장에서의 매개 역할이 사라지고 있는 것입니다. 이것은 경제적 합리성만을 따진다면 좋은 변화일지도 모릅니다.

그러나 사람들의 마음이나 사회의 안정까지 생각한다면, 반드시 좋은 일이라고 할 수만은 없습니다.

기업과 조직은 시장과 마을 사이에 공통의 장을 만들어내고, 사람들은 그곳에서 일하며 월급을 받음으로써 여러 가지 면에서 안정감을 얻을 수 있기 때문입니다. 기업은 커뮤니티로서의 역할을 수행하며, 시장 원리를 떠나 일정 정도의 위험을 근로자와 분담하는 데에도 합의하고 있는 측면이 있습니다. 근로자는 자기가 일하는 부서가 없어지더라도 성과를 내는 다른 부서로 옮겨가 계속해서 고용 상태를 유지할 수도 있습니다. 회사라는 조직은 시장의 원리가 매우 급격하게 영향을 미치는 때에 일종의 쿠션 역할을 해주기도 하거든요.

인터넷은 경쟁을 가속화한다

인터넷이 만들어내는, '회사라는 곳이 필요 없는 세계'에서는 기업이 맡은 역할의 중요성이 조금씩 줄어들고 있습니다.

인터넷의 등장으로 기업은 지금껏 회사 안에서 수행했던 일들을 점점 더 외주할 수 있게 되었습니다. 예를 들어 회계나 재무 같은 정형화된 일들은 점차 외주로 처리되고 있습니다. 회계를 외주한 기업은 경리 부분을 대폭 축소시킬 수 있기에 회사의 역할이 점점 작아지게 됩니다. 다시 말해 인터넷이 미친 영향의 정도를 생각해봤을 때, 맨 앞자리에 올 수 있는 것이 바로 시장의 역할 강화인 것입니다. 인터넷은 시장의 역할을 축소시키는 것이 아니라 오히려 확대시킵니다. 인터넷은 경쟁 압력을 더 강화시키죠. 그리하여 오늘날에는 누구나 경쟁 압력에 시달리게 되어 있습니다. 서서히, 모두가, 점점 더 경쟁을 해야 하죠.

그렇다면 정작 그 플랫폼인 GAFA는 경쟁을 하고 있을까요?

GAFA만이, 다른 모든 기업과 사람들을 극심한 경쟁 상태에 던져 넣고, 그들 스스로는 위협을 받지 않는다. 너무나 거대해서 경쟁 상대가 없기에 강 건너 불구경이 가능한 것이다. 여기에서, 인터넷의 승자는 타인들에게는 경쟁 압력을 가하면서도 자신들은 경쟁을 회피할 수 있다는 역설이 생겨난다. 인터넷은 세계를 움직여온 기업의 매개적 역할을 축소시키는 원동력이라고 볼 수 있다. 시장의 힘과 비시장의 힘 중 어느 쪽이냐 물으면, 시장의 힘을 증폭시키는 쪽이지 그 반대는 아니다.

앞에서도 말했듯이, 기업은 시장 경쟁 안에서 근로자들을 지키는 역할을 수행해왔습니다. 기업 간 경쟁을 하면서도, 기업 내에서는 협력 관계도 존재하고 균형이 지켜졌지요.

그런데 인터넷 기술 사회에서는, 경쟁의 역할이 협력의 역할에 비해 너무 비대해지는 일이 발생하고 있습니다.

'아웃소싱(업무 외주)'의 증가가 그중 한 예입니다. 업무의 일정 과정을 회사 내 근로자가 아닌, 다른 회사나 외부의 개인에게 맡기는 것입니다. 이 과정에서 기업은 시장 원리에 따라 조금이라도 싸게 일을 해주는 회사나 개인에게 일을 맡깁니다. 결과적으로 기업 내에서도 기업 밖에서도 경쟁은 더욱 치열해질 수밖에 없습니다.

물론 이런 경쟁이 건전하게 이루어짐으로써 사람들이 다양한 능력을 발휘하게 되는 좋은 측면도 있겠지요. 그러나 사람들이 늘 불안 상태에 내몰리게 된다는 점도 고려해봐야 합니다. 사회 전체에 불안이 만연하고 긴장감이 고조된다는 뜻이니까요. 모두가 자기 일을 세계 어딘가에 있는 누군가에게 뺏길지도 모른다는 불안에 떨며 살아간다는 건 정말 견디기 힘든 일이 아닐까요?

인터넷 기술은 순수 시장 원리를 가속화하는 한편, 기업의 역할을 감소시키고 많은 사람들에게 경쟁을 강요하고 있습니다.

누구도 알 수 없는 미래

각 사건의 상호관계를 전 세계적 관점에서 이해하기란 무척 어렵다. 잘 이해할 수 없는 이유가 너무 많다. 지나치게 복잡해서일 수도 있고, 변화가 직선적이지 않아서일 수도 있다. 경제학을 기상학에 빗댄 유명한 비유가 있다. 우리는 자연의 법칙을 잘 알고 있지만, 한 달 후의 날씨를 예측하는 건 불가능하다. 내일이나 사나흘 후의 날씨를 예측할 수는 있지만, 일주일 후한 달 후에 '반드시 이렇다'라고 예측할 수는 없다. 경제학도 그렇지 않을까? 세계 경제는 전체를 해명하기에는 너무나 복잡해진 탓에, 경제학은 지금 한계에 봉착했는지도 모른다. 역사의 큰 흐름은 예측할 수 없다.

경제학자에게 10년 후의 성장률이나 실업률을 물어본들 그 누구도 책임지고 대답할 수는 없을 것입니다. 그것은 경제학이 과학적이지 않아서가 아닙니다. 기상학자는 한 달 후의 날씨를 예측할 수 없지만, 왜 예측할 수 없는지에 대해 과학적으로 설명할수는 있습니다. 경제학자 역시 마찬가지입니다. 지금 경제학은 전 세계를 바라보는 '이해의 천장'에 부딪쳤다고 할 수 있습니다. 2008년 금융위기는 많은 경제학자들을 혼란에 빠뜨렸습니다.

10년 후에 무슨 일이 일어날지, 아무도 모른다. 아마존이 세계에서 가장 거대한 기업이 될 줄 누가 상상이나 했겠는가. 기껏해야 개인 사진이나 올리는 페이스북이 설마 세계를 리드할 기업이 될 줄 누가 예상했겠는가. 그런가 하면, 새로운 테크놀로지로 전 세계를 주도할 것이라고 모두가 믿었던 IBM과 같은 세계적 거대 기업은 빈사의 공룡으로 전락하고 말았다. 테슬라는 과연 자동차 업계의 새로운 리더가 될 것인가, 아니면 거품으로 끝날 것인가. 이것을 예측하기란 너무나 어렵다. 이유는 단순하다. 기업의 성공 여부는 기린의 진화처럼, 결과를 확인할 때까지는 아무도 모른다. 이것은 심플한 교훈이다.

새로운 산업, 새로운 분야, 새로운 수요는 생각지도 못한 곳에서 생겨납니다.

물론 지금 이대로 흘러간다면, 예를 들어 저출산 고령화로 인해 노인 요양 수요는 증가하겠지요. 인공지능이 활약하는 분야도 늘어날 테고, 외국인 노동자를 받아들이는 흐름으로 인해 새로운 '시장'이 생겨나기도 하겠지요. 인구의 유동성을 바탕으로 어느 정도 예측할 수 있는 그런 부분도 있긴 합니다.

그러나 획기적이고 참신한 '상품'은 예상을 뛰어넘는 곳에서 생겨납니다.

그 점을 염두에 두고, 예측할 수 있는 것과 예측할 수 없는 것을 잘 구분하면서 가능한 모든 경우의 수를 생각해봐야 합니다. 많은 사람들이 살아가는 수많은 나라, 수많은 시장의 상호관계는 너무나 복잡해서 경제학을 기상학에 빗댄 비유가 더 알기 쉬울지도 모르겠군요. 미래를 예측하는 능력에는 한계가 있다는 걸 인식하고, 우리는 이를 전제로 행동해야 합니다.

세상은 미래를 예측하는 정보들로 넘쳐납니다.

그러나 정말로 그 예측이 들어맞을까요?

너무나 새로운 디지털 사회

새로운 테크놀로지의 등장으로 새로운 프런티어가 출현하고 있다. 그러나 그것은 사람들이 꿈꾸었던 세계와는 다르다. 사람들은 공업 사회에서 서비스 사회로 옮겨가리라 예상했다. 프랑스 작가 장 푸라스티에는 서비스 사회를 '20세기의 위대한 희망'이라고 표현했다. 인간의 일은 토지나 기계를 상대하는 농업이나 공업에서 인간을 상대하는 서비스업으로 옮겨갈 것이라고 예측했고, 그것에 희망을 걸었다. 당시 사람들도 그렇게 믿었다. 드디어, 인간적인 세계가 찾아올 것이라고.

18세기 산업 혁명 이후, 시장에 기술 혁신이 더해짐으로써 자본주의는 진보해왔습니다. 이 200여 년의 긴 역사를 세계적 관점으로 살펴봤을 때, 거대한 시장이 펼쳐지고 테크놀로지 혁명이 이렇게나 오래 지속되고 있다는 것은 대단한 일입니다. 그런 뜻에서, 앞으로도 기본적으로는 기술 발전에 거는 기대가 큽니다.

> 그러나 디지털 사회는 예상했던 모습과 전혀 다르다. 그것이 지금 우리가 살고 있는 세계다. 사람들이 과거에 꿈꾸고 희망하던 세계와 다르다면 그것을 '새로운 실망'이라고 불러야 할지도 모르겠다. 바로 그것이 현재 우리가 사는 세계이며, 우리는 우리가 앞으로 살아가야 할 세계를 이제 겨우 이해하기 시작했을 뿐이다.

양극화와 분열의 해소는 21세기가 해결해야 할 과제입니다만, 이를 실현시키기 위한 길은 인터넷의 등장으로 인해 이전보다 훨씬 복잡해졌습니다. 아이러니하게도 세계가 연결됨으로써, 정작 세계를 향한 폭넓은 사고와 가치관을 갖는 게 어려운 일이 되어버렸어요. 사람들의 의견을 일치시키기가 힘들어졌지요.

예를 들어 포스트 물질주의 사회를 목표로 자연보호를 외치는 '진보적인' 사람들과 과거 좋았던 시절의 도덕성을 회복하자고 외치는 '보수적인' 사람들이 함께 논의하기 위한 공통의 토대를 마련하는 일은, 정말이지 어려운 일입니다.

자본주의가 민주주의를 파괴한다?

사실 '진보'와 '보수'라는 구분 자체가 무척 어렵습니다.

'좌파'와 '우파'라는 말이 있습니다. 쉽게 말해서 좌파는 '개혁'을 꿈꾸는 사람들, 우파는 '현상 유지'를 원하는 사람들이라고 할 수 있는데, 80년대 이전까지는 이런 도식이 단순하게 들어맞았을지도 모르겠습니다.

과거에는 노동자들의 소득을 어떻게 증가시킬 것인가, 정부 예산을 의료와 교육에 어떻게 분배할 것인가 같은 문제들 역시, 같은 사회적 틀을 어느 정도 공유한 이후에 논의됐기 때문에 '좌파'든 '우파'든 논쟁을 하면서도 공통의 토대를 찾아낼 수 있었죠.

그런데 80년대 이후 거품경제를 거쳐 인터넷 시대가 등장하면서 무엇이 '진보'이고 무엇이 '보수'인가, 무엇을 바꿔야 하고 무엇을 바꿔서는 안 되는가 하는 문제를 파악하는 구도 자체를 공유하기가 힘들어졌습니다. 매일 끊임없이 다양한 문제들에 대한 불만과 비판과 주장들이 방대하게 쏟아지면서, 의견을 집약시키기 힘든 상황이 선명하게 드러나고 있습니다. 정치적 논의도 복잡해질 수밖에 없습니다.

'자본주의'라고 하면 모두가 '경제' 문제라고 생각하겠지요? 그런데 실은 '경제'만의 문제가 아닙니다. 경제학은 오랫동안 '희소한 자원의 가장 적절한 배분을 과학적으로 분석하는 학문'이라고 정의되어왔습니다. 그러나 그 정의 또한 시대에 따라 바뀌어야 하고 끊임없이 논의해야 하지 않을까요?

지금 우리는 우리가 사는 복잡한 세계에 대해 치열하게 고민하고, 경제라는 틀을 넘어선 사고를 시도해야 하는 중요한 단계에 접어들었습니다. 자본주의와 경제 현상이 복잡할 뿐만 아니라, 사람들의 욕망이나 감정, 사고방식도 점점 더 복잡해지고 있습니다. 전 세계에 만연한 '양극화'와 '분열'이라는 프레임만으로는 표현할 길 없는, 사람과 사람 사이에 놓인 깊은 골과 긴장 관계를 이해하고, 이를 통해 다양한 문제들을 주의 깊게 고민해야합니다.

스마트폰을 이용한다고 생각하지만 오히려 이용당하고 있다

테크놀로지가 구석구석 제도로 정착된 사회는 인간의 감정과 감성, 그리고 다양하고 복잡한 마음의 결에 조금씩 영향을 미칩니다. 또한 인간이 가진 욕망의 형태에도 영향을 미치게 되죠.

예를 들어 사막 너머 저 끝에 한 잔의 물이 있다고 하죠. 그 물을 '원한다'고 느끼는, 살아가기 위해 필요한 충동을 '욕구'라고 한다면, 다양한 문명과 과학기술에 둘러싸인 현대 사회를 살아가는 많은 사람들은 그런 단순한 '욕구'만으로는 살아갈 수 없게 되었습니다. 매일 스마트폰을 들여다보고 컴퓨터 화면을 뚫어져라 쳐다보며 그곳의 다양한 '룰' 안에 자신을 가두다 보니 내가 정말로 원하는 걸 알 수 없게 되어버린 사람들이 늘어나고 있습니다.

인간에게는 '욕구'뿐 아니라 '욕망'이라는 것이 있지요.

어떤 의미에서 그것은 본능이 올바로 기능하지 않을 때 나타나는, 착오를 동반한 과잉 감정일지도 모릅니다. '욕망'은 인간의 생존에 마이너스로 작용할 때도 있습니다. 사회에 만연한 여러 중독 증상이 이를 증명한다고 할 수도 있겠군요.

단순한 욕구만으로는 살아갈 수 없다?

"알고는 있지만 멈출 수가 없어.""나도 나를 잘 모르겠어."욕망은 그런 충동으로도 이어질 수 있는 불안정한 것입니다. 그리고 욕망은 한 시대의 사회 형태, 문화 형태와도 사실 깊은 연관이 있습니다. 2018년 봄에 일본을 찾은 독일 철학자 마르쿠스 가브리엘은 자신의 저서 『욕망의 시대를 철학한다』에 이렇게 썼습니다.

> 많은 승객들이 너무나 피곤한 얼굴을 하고 있었다. 아마도 다음 역에 도착하기까지의 짧은 시간 동안, 생각을 하고 있었을 것이다. (중략) 모두가 늘…… 조금이라도 생각할 시간이 생기면, 사람들은 스마트폰을 꺼냈다. 그것 또한 거대한 에너지 시스템의 일부다. 스마트폰은 글자 그대로 에너지 머신이다. 에너지의 송신기. 누군가가 무언가를 구글링하면 에너지를 변환하게 된다. 사람들은 늘 에너지 시스템에 접속하는 셈이다. (중략) 그럼에도 불구하고, 아무도 그만두려 하지 않는다.

그는 '전자의 미궁'이 사람들의 무의식에 다양한 억압을 심어 놓고 있다고 합니다. 다시 말해, 디지털 기술이 사람들의 마음을 적지 않게 지배한다는 뜻이죠. 스마트폰을 이용하고 있다고 생각하지만 사실 이용당하고 있다는 지적을 곧바로 반박할 수만은 없는 시대, 그런 시대를 살아가는 우리에게 정말 복잡한 심경으로 와 닿는 말입니다.

테크놀로지는 인류가 이룬 훌륭한 성과이자 인간을 인간답게 만드는 빛나는 달성인 동시에, 인간을 파괴할 가능성도 내포하고 있습니다. 물론 사용하기 나름일 테죠. 이롭게 사용할 것인지 해롭게 사용할 것인지는 인간에게 달렸습니다.

'경제'를 이야기할 때, 숫자에만 정신이 팔려서는 안 된다

가브리엘이 지적한 중요한 포인트가 또 하나 있습니다.

그는 '과학'적인 견해만 올바르다는 사고방식을 전적으로 부정합니다. 과학적인 관점을 필요 이상으로 중시하거나 절대시하는 태도에 대한 경고입니다. 가브리엘은 과학적인 관점에서만 사회를, 인간을, 모든 경제 행위를, 자본주의 시장의 논리를 파악하려는 무서움에 대해 경종을 울리고 있습니다.

예를 들어 30년쯤 전에 존재했던 미국과 소련이라는, 자본주의와 사회주의 국가의 대립. 시장을 중시하는 자본주의와 계획을 중시하는 사회주의가 전혀 다르게 보이겠지만, 둘 다 같은 오류를 범했다고 그는 주장합니다. 그것 역시 '과학제일주의'가 초래한 오류라고 말이죠.

분명 두 나라는 자본주의와 사회주의라는 경제 시스템의 차이로 대립했지만, 우주 개발 경쟁, 더 나아가 핵무기 개발 경쟁으로 소리 없는 전쟁을 벌였습니다. '과학만능주의'라는 의미에서 기본적인 가치관이 같다고 할 수 있죠.

자칫, '과학제일주의'는 만능의 잣대가 되어 스스로 몸집을 부풀리기 시작합니다. 살아 있는 전 세계 사람들의 경험에 의한 실감, 체험, 살아 있는 사람의 상상력 같은 것들을 경시하고, 과학적 측정의 결과와 데이터에만 정신을 뺏겨서는 안 됩니다. 과학적 성과만이 '정의'이자 '진리'가 되어 비대해지게 두어서는 안 되겠지요.

물론 과학적 관점은 매우 중요합니다.

현대 기술이 낳은 성과 또한 위대합니다.

그렇다 하더라도 과학기술의 관점이 모든 기준이 되어버리는 사회는 위험합니다.

자본주의는 경쟁을 통해 훌륭한 과학기술을 탄생시켜왔고 세계를 풍요롭게 만들었습니다. 그러나 그 성과가 훌륭하면 할수록, 과학기술의 논리와 구조, 발상법이 전 세계에 퍼지면서 그 사고방식으로만 사회와 인간을 바라보는 사람들이 생겨나는 역전 현상을 일으키기도 합니다. 이 역전을, 우리는 방관해서는 안 됩니다.

지금까지 우리는
다양한 시점에서 바라본
현대 자본주의의 난관에 대해 살펴보았습니다.
그런 현상들이 한꺼번에 밀려올 때,
자본주의는 대체 어떻게 될까요?
그런 일이 닥쳤을 때, 우리는 무엇을 생각해봐야 할까요?

제 6 강

자본주의가 무너진다?

노동 수단이 변화시키는 것들

현대 자본주의가 야기하는 '세 개의 뒤틀림'

자, 지금까지 한 얘기들을 정리해보죠.

① '세계화'로 인해 많은 나라가 시장으로 연결되었고 불안정
   이 증폭되고 있다.
② '공감'의 상품화로 가치관이 흔들리고 자신의 욕망의 정체
   조차 불확실해지고 있다.
③ '디지털 기술의 진보'가 양극화를 심화시키고 분열을 초래
   하고 있다.

세계화, 공감의 상품화, 디지털 기술의 진보.

이 모든 것이 현대 자본주의를 복잡하게 만드는 원인이긴 합

니다만, 그 근본에 단순한 원리가 작용한다는 것에는 변함이 없습니다. 차이를 상품화하고, 이를 매출 숫자로 계산하고, '조금이지만 늘었다' '앞으로 나아갔다' '앞으로 나아갔다는 데 의미가 있다'며 이를 원동력으로 삼는 게 자본주의의 본질이기 때문입니다. 늘 새로운 것을 찾고 상품화해 시장에 내놓는 번식력에 온 힘을 쏟아붓는 자본주의는 자가 증식을 스스로 멈추지 못합니다. 우리는 그러한 자본주의적 경쟁의 속성을 명확히 인식하면서도 계속 달려야만 하는 것인지도 모릅니다.

다만, 그 경주에는 항상 제어장치가 필요합니다. 그러기 위해 정부가 있고 정치가 있는 것입니다. 지나친 경쟁과 극심한 빈부 격차가 생겨났을 때 부유한 자로부터 가난한 자에게 다시 돈이 돌 수 있도록 '소득의 재분배'라는 조정을 시행하는 것인데, 우리는 지금 그것조차 힘든 상황에 처해 있습니다. 눈을 크게 뜨고 변화 속에 존재하는 본질을 꿰뚫어봐야 하는 이유입니다.

20세기 거장이 포착한 자본주의의 본질

그럼 여기서 드디어, "자본주의는 자멸할 것이다"라는 자극적인 발언을 한 사람의 진의를 따져봐야 할 것 같군요.

1강에 등장한 슘페터란 인물이었죠.

시장에서의 끊임없는 경쟁을 "창조적 파괴"라 명명하고, 대상을 조합하여 새로운 상품이나 비즈니스의 형태를 생각하는 혁신적 아이디어를 "이노베이션"이라고 표현한 조지프 알로이스 슘페터. 그는 자신의 저서 『자본주의, 사회주의, 민주주의』에서 이런 말을 하기도 했습니다.

> 지성과 상상력이 만들어낸 것들은 대체로 시간이 지나면 덧없이 사라진다. 파티가 끝나고 한 시간만 지나면, 혹은 한 세대만 지나면 사라진다. 그러나 간혹 그렇지 않은 것도 있다. 반짝임은 스러질지언정, 또다시 되살아난다. 더군다나 '문화유산'처럼 눈에 보이지 않는 요소로서가 아니라, 그 사람의 옷차림이 보이고 그 사람의 마음의 상처가 느껴지는 형태로 되살아난다. 그러한 것들을 우리는 위대한 것이라고 불러도 좋을 것이다. 위대한 것을 생명력과 연결시키는 이러한 정의에는 한 치의 흠결도 없다. 그러므로 마르크스의 예언이 위대하다는 것은 틀림없는 사실이다.

경제학에서 케인스와 나란히 거론되는 20세기 경제학의 거장 슘페터는 『자본주의, 사회주의, 민주주의』의 머리말을, 자본주의를 비판한 카를 마르크스에 대한 칭송으로 시작합니다. 이는 '자

본주의 최대의 비판자'의 위대함을 극명하게 드러내는 말입니다.

러시아에 사회주의를 심고, 공교롭게도 슘페터가 태어난 해인 1883년에 세상을 떠난 마르크스. 마르크스에 대한 칭송은 다음과 같이 표현되기도 했습니다.

> 위대한 것에는 어둠의 힘이 있다고 보아도 좋다. 근본적으로는 오류라 여겨지더라도, 세부적으로는 수긍할 수 없더라도, 괜찮다. 마르크스가 세운 체계는 그런 비판을 받더라도, 비록 명확한 반증이 나타난다 하더라도 전혀 치명타가 되지 못하며, 오히려 그 구조의 힘이 더욱 뚜렷해진다.

슘페터가 '위대하다'고 단언하는 마르크스의 '어둠의 힘'이란 대체 무엇일까요?

슘페터는 종종 독특하게 굴절된 의미를 지닌, 아이러니한 표현을 사용하곤 합니다. 무거운 주제를 다루는 책에도, 진의를 알 수 없는 역설적 표현이 점점이 박혀 있곤 하지요.

자, 이제 1강에서 소개했던 그 말이 등장할 차례입니다. 『자본주의, 사회주의, 민주주의』에 쓰여 있는 말입니다.

"자본주의는 성공할 것이다. 그러나 그 성공으로 인해 자멸할 것이다."

슈페터는 강연과 많은 저서들에서, 조금씩 표현을 달리하며 반복적으로 이렇게 주장합니다. 그 진의를 파악하기 위해 그의 말에 좀더 귀를 기울여보도록 하죠.

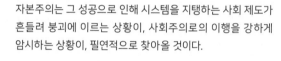

자본주의는 그 성공으로 인해 시스템을 지탱하는 사회 제도가 흔들려 붕괴에 이르는 상황이, 사회주의로의 이행을 강하게 암시하는 상황이, 필연적으로 찾아올 것이다.

슈페터는 '자본주의의 한계'를 설파하고 있습니다.

첫 행에 적힌 "그 성공으로 인해"라는 부분이 포인트입니다. 경제적 부를 낳는 시스템인 자본주의는 물질적 풍요를 가져다준다는 뜻에서는 성공을 거둡니다. 그러나 동시에 경제적 풍요로 인해 생겨난 그 사회의 내부에, 자본주의를 탐탁지 않게 여기는 분위기와 요소가 생겨난다는 뜻입니다.

아이러니하게도 슈페터는 이런 말을 하면서도, 정작 본인은 자본주의라는 사회 체제가 유지되기를 바랐습니다. 결코 자본주의가 끝나기를 바라는 것은 아니라고 강조하면서도, 그에 대한 고민을 멈추지 않았던 슘페터는 늘 분열되어 있었던 것처럼 보입니다.

변화를 추구하면서도 안정을 바라는 인간

사회 제도나 역사적 틀과 같은 독특한 관점에서 경제 현상을 바라봤던 슘페터는, 자본주의의 본질을 '고정되지 않는 움직임'으로 보았습니다. 정이 아니라 동, 다시 말해 시간과 더불어 변화하는 과정으로 말이죠.

그렇기에 사람들은 늘 이노베이션을 목표로 해야 하고 '창조적 파괴'를 두려워해서는 안 된다고 생각했죠. 새로이 도전하고 새로운 상품을 계속 만들어내야만 하는 자본주의, '만들고 파괴하는' 이 끊임없는 반복에 싫증을 내면 끝장이라고요.

하지만 인간의 본성에는 '없는 걸 원하는' 측면이 있지요.

변화를 추구하면서도 안정을 원하는 인간은, 끊임없는 변화에 지치고 힘들면 변하지 않고 안심할 수 있는 곳을 찾기 마련입니다. 부를 얻으면 그 힘을 이용해 룰을 바꾸고 싶어 하기도 합니다. 시장에서 끊임없이 경쟁하는 것보다 큰 조직에 속하는 안정을 원하는 사람들이 느는 것 역시 그 한 예라 할 수 있지요. 인간은 그런 식으로 자신을 지키고 싶어 합니다.

슘페터는 이런 사람들의 심리를 통찰하여, 자본주의 경쟁 그 너머에 이르면 경쟁보다 안정을 추구하는 사람들이 생겨날 것이고, 대기업의 시장 독점 상황이나 효율을 중대한 사안으로 여기지 않는 관료적인 체질마저 생기게 될 것이라고 예언했습니다.

경쟁에서 이긴 후 일정 정도 힘을 얻은 사람들은 그 지위를 유지하기 위해 룰을 바꾸길 원할 것이고, 그 결과 사회 계급이 고착화될 것이라고 했지요. 그로 인해 자본주의의 흐름이 정체될 것이라고요.

따라서 자본주의는 살아남을 수 없다?

> 자본주의가 살아남지 못하리라고 믿는 가장 큰 이유는 그 시스템이 우리 정신에 미치는 합리화의 효과, 그리고 그 시스템이 전통적인 모든 것을 제거하는 효과 때문이다.
> (『자본주의는 살아남을 수 있는가』, 조지프 슘페터)

'합리화'든 '전통적인 것들의 제거'든, 지금까지 살펴봤듯이 이
것들은 시장 구조의 특기라고 할 수 있습니다. 시장에서는 보다
싸게, 보다 빠르게, 보다 효율적으로, 경쟁을 위해 피와 살을 깎
으며 '불합리'한 것들을 배제하고 '혁신적인 것'들을 환영합니다.
그게 자본주의입니다.

　그러나 그것이 달성되면 달성될수록, 자본주의라는 전체 사회
제도는 위태로워집니다. 슘페터는 같은 저서에서 이렇게 말합니
다.

> 사회주의가 단 하나의 형태만으로 규정되는 것이 아님을 잊어
> 서는 안 된다. 어느 날, 어느 나라에서 저축에 대해 프리미엄이
> 부과되고, 그런 형태로 이자를 도입하는 사회주의가 채택되는
> 일은 얼마든지 있을 수 있다. 우리는 사회주의에 대해 말할 때,
> 마르크스적인 사회주의 이외에 다른 사회주의가 존재한다는
> 것을 까마득히 잊어버리곤 한다. 하지만 그런 형태 또한 사회
> 주의라고 할 수 있다.

　슘페터는 한마디로 '마르크스적 사회주의' 이외의 사회주의가
생겨날 가능성을 지적하고 있습니다.

"저축에 대해 프리미엄이 부과"된다는 것은, 다시 말해 소득뿐 아니라 저축에도 특별한 세금이 붙는 제도가 도입된다는 뜻입니다. 이처럼 정부가 다양한 형태로 이득을 취하는 일이 생기면 새로운 비즈니스를 일으키려는 기업가들의 의욕이 꺾일 것이고, 그런 사회는 사실상 사회주의나 다름없다는 말이겠죠.

인간의 본성과 이에 따른 사회의 움직임을 끊임없이 탐구했던 슘페터.

자본주의 사회가 경직될 것을 꿰뚫어보고, 넓은 의미의 사회주의적 요소가 자본주의 제도 안에 생겨날 가능성을 끊임없이 탐구했습니다. 어떤 의미에서는 그의 예언이 맞아떨어졌다고 할 수도 있겠지요.

기술이 사회 형태를 결정한다

이렇듯 다양한 시점으로 사고했던 슘페터가 칭송한 마르크스, 그가 말한 그 '어둠의 힘'이란 무엇일까요? 아마도 다음의 말에 집약되어 있다고 볼 수 있을 것입니다.

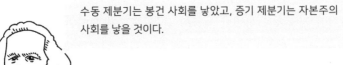

수동 제분기는 봉건 사회를 낳았고, 증기 제분기는 자본주의 사회를 낳을 것이다.

깊이 생각해볼 필요가 있는 중요한 포인트입니다.

슘페터가 위대하다고 한 것은, 기술이 사회 형태를 결정한다는 사실을 꿰뚫어본 마르크스의 '혜안'입니다.

한 시대의 강력한 기술은 사회 제도의 형태를 규정합니다. 게다가 그 기술은 두렵게도, 사회 구성원의 정신과 사고방식 같은 무의식의 층위에까지 영향을 미치고 규제를 가합니다. 반대로 말해, 사회 제도나 문화의 존재 방식은 자본주의 생산 수단인 기술, 효율성을 높이는 테크놀로지 등이 그 변화의 열쇠를 쥐고 있다고도 할 수 있습니다.

이미 4강과 5강에서 살펴본 것처럼, 역사의 흐름 속에 산업 혁명이 없었다면 자본주의가 이렇게까지 강력한 힘을 가질 수는 없었을 것입니다. 디지털 기술의 발전은 디지털 기술에 걸맞은 사회를 만들어내고 있고, 자본주의의 존재 방식까지 결정하고 있다는 뜻이기도 하고요.

자본주의에 대항해 사회주의라는 사회의 존재 방식을 생각해 낸 마르크스는 200여 년 전 이미 기술의 위대함과 위협을 충분히 이해하고 있었습니다. 산업 혁명이 진행됨으로써 노동자가 기술이라는 생산 수단을 가진 자본가에게 굴복할 수밖에 없으며, 거기서 생산되는 부를 자본가가 부당하게 차지할 것이라고 주장했으니까요. 생산성의 효율을 극적으로 바꾸는 기술이 보급되면 그 생산 수단이 주류가 되고 사회 자체가 변화된다, 여기까지 직감적으로 꿰뚫어본 것이죠.

인간은 기술을 발명했고 그 편리함 때문에 이를 이용합니다만, 주객이 전도되는 불가사의한 '역전'이 발생합니다. 기술이 사회 제도를 바꾸고 결정권을 가지게 되는 것이죠.

앞서 인용한 마르크스의 발상법을 현대 사회에 맞춰 생각해본다면, 지금은 통신 기술의 속도가 사람들의 속도 감각과 소통 방식에 영향을 미치고, 더 나아가 사회 구조를 바꾸고 있습니다. 이런 관점으로 바라봤을 때, 지금 우리 사회는 엄청난 이행기에 놓여 있는 셈입니다.

노동 수단의 변화는 단순한 변화가 아니다

기술의 변화는 일하는 방식의 변화와 직결될 뿐만 아니라 사람들의 기분을, 감정을, 마음을 바꿉니다.

30년 전 회사에서 주고받은 기획서. 그땐 연필이나 볼펜 혹은 만년필로 쓴 문서였습니다. 그게 워드 프로세서로 바뀝니다. 키보드를 두드려 화면에 표현하는 기술에, 처음엔 다들 얼마나 놀랐는지요. '삽입' '삭제' '복사'를 쉽게 할 수 있는 이 기술로 인해 사람들은 '생각나는 대로 일단 써볼' 수 있게 됩니다. 그러다 컴퓨터가 상용화되고 메일을 주고받게 되면서 워드, 엑셀, 파워포인트처럼 표현 도구가 더욱 다양해집니다.

21세기가 되면서는 본격적으로 메일을 주고받고 인터넷으로 업무를 공유하게 되었습니다. 여기저기서 전화벨이 울리고 온갖 대화가 오가는 직장은 줄어들었고, 다들 책상에서 컴퓨터를 바라보며 묵묵히 키보드를 두드리는 게 일상적인 사무실 풍경이 되었습니다. 그리고 2010년 이후의 페이스북, 트위터…… 업무 효율을 위한 정보 공유 방식은 나날이 변화하여, 팀 내에서 '여러 사람이 한순간에 정보를 공유하고 즉시 응답하는 문화'가 일반적이 되었죠.

인터넷의 영향…!

'업로드 완료'

지난 30년은 일의 수단과 기술이 바뀌었다는 의미에서, 정말이지 극적인 변화의 시대였습니다. 중요한 것은 이런 도구의 변화가 어느덧 도구가 다루는 정보의 형태와 표현까지도 바꾸었고, 더 나아가 일하는 방식과 룰에도 영향을 미친다는 점입니다. 그리고 어느덧, 일과 노동의 정의마저 흔들고 조직의 존재 방식에도 힘을 발휘하며 사회의 방향성까지 바꾸어가고 있습니다.

노동 '수단'의 변화는 그저 단순한 변화가 아닙니다.
우리는 노동 수단의 변화가, 일하는 사람들의 마음의 모양, 더 나아가 본인조차 깨닫지 못한 채 마음 깊은 곳의 생각의 형태에까지 크고 깊은 영향을 미친다는 점을 결코 잊어선 안 됩니다.

처음엔 경제가 변하고, 그 결과 사회가 변한다. (중략) 세계를 바라보는 방식, 사고하는 방식, 그 사회에서 얼마나 여유를 느낄 수 있는가 하는 것은 매일의 일 속에서, 경제의 테두리 안에서 결정된다. (중략) 생산의 형태와 조건이 사회 구조를 결정한다. 개인이나 집단이 그 흐름을 바꿀 수는 없다.
(『자본주의, 사회주의, 민주주의』, 조지프 슘페터)

현대는 이미 IT가 소통 방식뿐만 아니라 사회의 존재 방식 자체를 혁명적으로 바꾼 시대입니다. 4강에서 언급했던 10년 전 금융 위기, '1퍼센트와 99퍼센트'로 대변되는 양극화의 심화, 그리고 그것이 불러오는 사회 계층의 분열. 세계화는 인터넷 보급과 더불어 사회 구조를 변화시키고 있습니다.

기술이 진보하는 인터넷상의 가상 경제가 1퍼센트의 사람들을 점점 더 머니 게임으로 몰아가고, 99퍼센트의 사람들에게는 그 판에 끼지 못하는 초조와 분노를 일으키는 방향으로 내달리고 있는 것은 아닐까요? 이제 '집단 불안'이 확산되고 있는 상황을 직시하고, 디지털 기술이 초래할 자본주의의 형태에 대해 심각하게 고민해봐야 할 시기입니다.

'무언가를 갖고 싶다.'
이런 단순한 욕망에서 모든 경제 활동이 시작됩니다.
그런데 그 욕망은 시대와는 무관하게
똑같은 마음의 움직임에서 생겨나는 것일까요?
산업 혁명 이전 시대 사람들의 욕망과
현대를 살아가는 우리의 욕망은, 같다고 말할 수 있을까요?

제7강

욕망이 자본주의를 움직인다

'합리적 경제인'은 존재할까?

자본주의는 '쇼'일까?

자본주의는 '상품 생산을 동반하는 조직적인 활동 전체'라고 정의할 수 있다. 그런데 '상품을 생산하다'produce라는 말의 어원은 '앞으로 이끌다'이다. 상품을 생산한다는 건 '앞으로 이끌어, 보게 하다'라는 뜻. 다시 말해, 생산이란 일종의 '쇼 show'라는 뜻이다.

자본주의를 일종의 '쇼', 한마디로 구경거리라고 단언한 사람은

앞에서도 언급했던 마르쿠스 가브리엘입니다.

과연 철학자답지 않은가요? 원점으로 돌아가 용어를 정의하는 데서부터 이야기를 시작합니다.

지금까지 살펴봤듯이 자본주의의 기본은 모든 것을 상품으로 만드는 '시장'에서의 매매입니다. '신상품'은 새로운 에너지를 불러일으키지요. 그 '새로움'이 반드시 기능 면에서 실현되어야 하는 것은 아닙니다. 디자인이든 이미지든 지금까지와는 다른 뭔가가 그 상품에서 느껴진다면 충분히 신상품이라고 할 수가 있죠.

더군다나 앞서 말한 것처럼 '공감'이 상품이 되는 시대에는 더더욱 그렇습니다. 사람들이 감정이나 기분을 사고팔고 있으니 현대 자본주의 사회를 살아간다는 건 우리 모두가 '쇼' 안에서 살고 있다는 뜻이나 마찬가지일지도 모릅니다.

'자본주의는 하나의 쇼'라는 말에 많은 이들이 수긍하게 된 건 기껏해야 30년 전입니다. '풍요로운 사회'가 실현된 결과, 경험 소비와 '공감'의 상품화를 통해 일종의 마음 소비 시대에 돌입했다는 점도 영향을 미치고 있을 겁니다.

뭔가가 새로워…!

지금까지와 다르기만 하면 '신상'

욕망은 시대의 산물

어떤 시대에든 어떤 사회에든 '상식'이 되는 견해와 사고방식이 있습니다.

예를 들어, 모두가 교육을 받기 위해 학교에 다니고 경제적으로 윤택해지기 위해 회사에 가서 일을 한다…… 이런 일상을 지극히 당연하게 여기게 만드는 것 또한 우리 사이에 공유된 시대의 가치관이 아닐까요?

우리의 욕망의 형태는 늘 그 시대의 사회와 문화에 비추어 형성됩니다. 우리도 모르는 사이에 그렇게 원하도록, 그렇게 생각하도록 만들어진 부분이 있을지도 모릅니다.

흔히 '근대'를 이야기할 때 지표가 되는 것이 프랑스 혁명과 산업 혁명인데요, 그 이전 시대에는 '신'이 가장 위대한 존재로 군림했었습니다. 지금은 좀처럼 그 시대의 '신'을 이미지로 떠올릴 수 없습니다. 현재 우리가 떠올리는 신과는 상당히 거리가 먼 존재였을 겁니다. 종교적 신앙의 대상이라기보다는 우주나 자연법칙 같은 것이었다고 할 수 있으니까요.

주입=
욕망을 주입받는다

시대의 산물인 꿈과 욕망의 형태에 대해 또 하나 예를 들어 볼까요? 최근 지폐와 동전 같은 현물 없이 인터넷상에서 거래되는 '가상 화폐'가 화제가 되고 있습니다. 실제의 돈과는 달리 전자 데이터만으로 거래하는 '가상 화폐'에 대해 국가는 그 가치를 보증해주지는 않습니다. 가상 세계에서의 거래에 대한 기대감이 증폭되고 있고, 전자 네트워크의 시대에 자본주의의 존재 방식에 대한 다양한 시도가 있다는 것 자체는 나쁠 것이 없지요.

그러나 "가상 세계에서의 신용이 경제의 중심이 될 것이다" "미래는 가상 화폐 시대다" 하는 식의 목소리에는 의문을 가지지 않을 수 없습니다. 단정적인 말들은 사람들의 불안한 마음을 자극하고 소비 행동을 부추깁니다. "부자들한테는 상식"이라느니, "예쁜 사람들은 알고 있다"느니, 자본주의 최전선에서 활약하는 광고 문구들은 남에게 뒤처치면 안 된다고 믿는 사람들의 욕망에 불을 지핍니다.

'흐름을 타고 있을 때'에는 보이지 않는 것들이 있습니다.

그리고 그때에는 '흐름을 타는 것'이야말로 올바른 선택이라고 많은 사람들이 믿습니다. 그러나 우리는 안이하게 미래를 규정하는 단정적인 말들에 주의할 필요가 있습니다.

'합리적 경제인'이란 무엇일까?

자, 근대가 개막된 시대로 다시 돌아가보도록 하겠습니다.

'신'을 버리고 근대 과학이 성과를 내기 시작한 때에 '과학'으로 등극하고자 했던 것이 바로 '근대경제학'이었습니다. 근대경제학 또한 시대의 프레임 속에서 생겨난 학문이라고 할 수 있습니다.

근대경제학은 '욕망'이라는 인간 본성의 실체를 '과학'으로 분석하려 했습니다. '수요곡선과 공급곡선'을 깔끔하게 성립시키기 위해 '합리적 경제인'이라는 존재를 전제로 삼았지요. '합리적 경제인'은 자신의 이익을 극대화하려는 행동 원리를 지닌 존재, 자신의 욕망을 명확히 파악할 수 있는 존재입니다.

언제나 다른 상품과 수많은 요소를 비교하고 냉정하게 판단하여 가장 가치 있는 결단을 내리는 '합리적 경제인'. 경제 모델을 만들기 위한 가상의 '전제'였는데도 불구하고, 어느새 그런 수식어들이 언제든 꼭 들어맞을 것이라고 믿어 의심치 않는 사람들이 많아져버렸습니다. 하지만 생각해보세요. 항상 냉정하고 합리적인 '사람'이 과연 세상에 존재할까요?

'근대'란 '신'을 끌어내리고 '인간'이 주인공이 된 시대입니다. '신앙'과 '마술'에서 '논리'와 '기술'로 가치가 변했고, 세계를 움직이는 규칙도 변했습니다. 이는 우리가 사는 세계를 '성스러운 곳'에서 해방시키는 과정이기도 했습니다. 인간이 주체로 서 있는 땅조차 물질이자 과학적 분석의 대상으로 인식하면서, '풍요로운 신이 내려준 선물'인 대지라는 관점을 저버린 시대가 시작되었다고도 할 수 있겠지요. '근대'의 논리는 확고한 주체를 지닌 인간이 사람과 사람 사이에 계약을 성립시키고, 더 나아가 과학 기술이 다양한 사회 제도를 '진보'시킨 시대였다고도 할 수 있습니다. 근대경제학 역시 이런 시대적 분위기를 배경으로 사람들 각자가 '주체'로서 자신의 욕망을 규정했던 것이죠. 그러나 그것 또한 하나의 만들어진 서사에 지나지 않을지도 모릅니다.

'욕망'은 자본주의를 움직입니다.

그러나 '욕망'은 약이 되기도 하고 동시에 독이 되기도 하는, 다루기 힘든 성질을 지녔다는 걸 기억해야 합니다. '욕망'은 인간 사회에서 다양한 감정을 띠고 나타납니다. '원한다'는 마음의 베일을 벗겨보면 그 안에 시기심, 질투, 탐욕이 담겨 있기도 하고 그 배후에 복잡한 감정이 소용돌이칠 때도 있습니다.

경제학은 이런 다양한 욕망을 '수요'로 바꾸고 인간이 가진 복잡한 감정을 '수요 1'이라는 숫자로 치환함으로써 진화해왔습니다만, 이제는 '욕망'의 배후에 있는 다양한 소용돌이들을 살피고 틀을 넓히는 경제학이 등장해야 할 단계에 이르렀습니다.

'합리적'이지 않은 인간의 욕망

'행동경제학', 즉 시장에서 나타나는 사람들의 심리, 다양한 착각들을 분석한 연구도 진전을 보이고 있습니다.

차곡차곡 모은 돈에 비해 갑자기 들어온 큰돈은 낭비하는 경향이 있다는 것, 불확실성이 높은 상황에 처했을 때 사람들의 행동은 직전의 경험에 좌우되기 쉽다는 것. 행동경제학에서는 '합리적 경제인'과는 동떨어진 행동을 취하는 이와 같은 인간의 특성을 분석함으로써, 변동성이 강한 주식 시장이나 실업 문제와 같은 다양한 경제 사회적 현상을 해결하려 합니다.

여기서 문제를 내보겠습니다.

예를 들어 월급이 10만 원 오른다면 기쁘겠지요. 그런데 반대로 10만 원 깎이면 어떨까요? 수학적으로만 보자면 10만 원을 더하든 빼든, 같은 액수의 손익으로 처리될 뿐입니다. 그러나 기쁨과 슬픔 중 어느 쪽 감정이 더 크게 움직이느냐 묻는다면, 깎이는 쪽을 더 크게 느끼는 사람이 더 많지 않을까요?

행동경제학 이론에서도 이익과 손실의 크기가 같은 경우, 인간은 이익의 기쁨보다 손해의 슬픔을 피하는, 다시 말해 '손실회피'의 행동을 취한다고 합니다. 이런 심리학 실험을 통해 얻어진 데이터를 시장에서 활용하려는 시도 역시 시작되고 있습니다.

앞으로는 더욱 많은 정신분석의 성과가 경제학에 도입될지도 모릅니다. 다양한 접근 방법을 통해, '합리적 경제인'이라는 전제 조건이 수정되고 있는 셈이죠.

인터넷 사회가 열어놓은 '새로운 중세'와 같은 사회 분위기 속에서, '근대적' 사고방식이 어디까지 유효한지에 대해 음미해봐야 할 시대가 찾아온 것입니다.

'합리적 경제인'은 존재할까?

가장 '가치' 있는 결단을 내릴 수 있는 존재

자본주의, 돈과 나에 대한 생각의 여정이
드디어 막바지에 이르렀습니다.
자본주의는 앞으로 어떻게 바뀌어갈까요?
이 자본주의 속에서 길을 잃지 않기 위해
우리는 어떻게 살아가야 할까요?

제 8 강

어디까지가
진짜 나의 욕망인가?

진정한 나를 알 수 없는 시대를 산다는 것

'우리 아빠는 최고가 아니다'

앞서 '케인스의 미인 투표' 얘기를 했었죠.

대중 소비 사회를 분석하며 경제학 분야에서 '미인 투표'라는 비유가 탄생했듯이, 문화인류학 분야에서도 매우 흥미로운 비유가 등장합니다.

프랑스 비교문화학자이자 사상가인 르네 지라르가 제시한 '욕망의 삼각형'입니다.

인간의 욕망은 주체적이라기보다 종종 타인을 모방하며, 타인이 원하는 것을 원하게 되고, 그때의 타인은 동일 대상을 욕망하는 경쟁자라는 설명입니다. 그는 이 주체, 타인, 욕망의 대상을 '삼각형'으로 표현했지요.

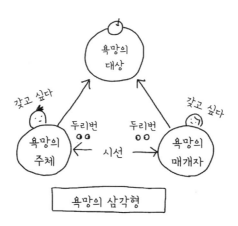

누군가가 원하는 모습을 보다 보면,
나 또한 왠지 그것을 원하게 된다.
이 '원하는' 감정은
진짜일까 가짜일까?

정보화가 급속히 진행되는 현대 사회에서는 수많은 삼각형들이 생겨나고, 그 '모방된 욕망'이 자본주의의 원동력이기도 하다는 사실. 이 사실을 부정할 수 없다는 게 두렵기도 합니다.

기술이 양극화를 심화시키는 현상에 관해 토크 콘서트를 연적이 있습니다.

당시 그 자리에 계셨던 한 분이 이런 말씀을 하시더군요. "SNS 기술이 발전하면서, '우리 아빠가 최고가 아니라는 사실'을 알게 됩니다." 이 말은 제게 강렬한 인상을 남겼습니다. 이는 아이들뿐만 아니라 그 아빠들에게도 불행한 일인데, 사실 가볍게 넘길 수 있는 말이 아닙니다.

인터넷에서 다양한 정보가 빠르게 확산되는 사회에서는 모든 구성원이 '욕망의 삼각형' 안으로 빨려 들어가 이런 감정을 느끼곤 합니다. 인터넷으로 접하는 평범하고 일상적인 것들이 사람들의 무의식에, 마음의 존재 방식에까지 영향을 미치는 것이죠.

'원한다'는 마음이 어디까지가 나의 마음인지 스스로 알 수 없게 될 만큼, 욕망의 형태는 뒤섞이고 뒤틀립니다.

'부러운' 시대의 욕망

대중 소비 사회, 더 나아가 SNS 공간이 증폭시키는 인터넷형 소비 사회에는 시기심이 폭주합니다. '좋아요!'를 눌러줬으면 하는 '인정 욕구'까지 확산되고 있지요.

욕망은 사라지지 않습니다.

우리는 끊임없이 발버둥치고 있고 사회 역시 그 격렬한 소용돌이 속에서 새로운 시스템을 계속해서 만들어내고 있습니다. 물론 욕망은 살아 있다는 증거이기도 하니, 욕망이 사라지면 모든 게 끝이기도 합니다. 그러나 때론 멈춰 서서 자신의 마음속을 바라다보는 일이 절실히 필요한 때가 있습니다.

현대는 다양한 문제에 대해 과학적 분석의 성과를 갖다 대며 재빠른 해결책을 찾으려는 시대입니다. '증거'라는 말이 자주 쓰이지요. 과학적 근거와 실험 결과의 수치가 설득력을 지니곤 합니다. 물론 기술이 진보하고 빅 데이터를 모을 수 있게 되면서, 그 결과를 통해 적절한 대응책을 찾아낼 수도 있습니다. 일정하고 명확한 목표를 설정하고, 그 목표 수치를 달성하기 위해 '합리적'이며 '낭비가 없는' 방법을 찾는 것 또한 의미 있는 일입니다.

하지만 때로는 좁은 시야에 갇혀 눈앞의 성과에만 집착해 해결책을 서두른 나머지, 전체의 이익과 본질적인 성과가 희생양이 되어버리기도 합니다. 즉효성 있는 강한 효과를 바라다가, 약에 내성이 생겨버리는 아이러니한 상황도 벌어집니다.

비유하자면, 현대의 자본주의에서 필요한 것은 '면역력'일지도 모릅니다. 면역력이란 말 그대로 병에 저항하는 힘, 외부에서 침입한 세균과 싸워 이기는 자기방어 시스템을 말합니다. 이런 면역력을 기르는 것이 현대 자본주의를 살아가는 우리에게도 필요한 것이 아닐까 하는 생각을 해봅니다.

전체 구조를 파악하는 관점을 기르지 않으면 자본주의는 무서운 뒤틀림을 낳고, 그 뒤틀린 방향으로 점점 더 폭주할 것입니다. 우리는 지금, 그것을 이해하고 중심을 잡아야 할 시점에 도달해 있습니다.

'불행한 역전'에서 시선을 돌리지 않는다

사람들이 사는 세상에는 늘 불행한 역전이 일어나기 마련입니다만, 오늘날처럼 복잡한 기술 자본주의 시스템 안에서는 온갖 역전과 뒤틀림 현상이 발생하곤 합니다.

'내가 나를 알 수 없는' 상황에 모두를 끌어들이는 마력이, 자본주의에는 있습니다.

'시장'이라는 곳을 매개로 모여드는 사람들이 만드는 집단의 움직임에 대해서도 생각을 해봐야 하겠지요. 원래는 선의를 갖고 있었는데 집단을 이루면서 그것이 잘 발휘되지 않았던 경험이 누구에게나 있을 겁니다. '선의'의 합이 반드시 '선의'가 되는 것은 아니었던 경험 말입니다. 인간은 집단을 이루면 역주행을 해버리는 무서운 경우가 종종 있습니다.

아쉽게도 현대 자본주의는 그야말로 다양한 역전 현상을 종종 일으킵니다. 목적과 수단이 뒤바뀌는 일이 비일비재하지요. 인터넷으로 정보가 확산되고 증폭되어가는 과정에서 다수에게 좋으리라 믿고 한 방향으로 흘러간 것이, 아이러니하게도 반대되는 상황을 낳기도 합니다. 이에 대해 쉽게 해결책을 제시할 수는 없습니다만, 그런 현상에 반응하는 예민한 '촉을' 많은 사람들과 공유하고 싶었습니다.

〈토끼와 거북이〉라는 우화가 있지요.

빨리 달릴 수 있는 능력을 가진 토끼가 게으름을 피우는 동안, 열심히 노력한 거북이가 마지막에 승리한다는 이야기 말입니다. 모두가 아는 이솝우화 내용입니다.

그런데 노력의 소중함을 교훈으로 삼는 것도 중요합니다만, 전 그런 생각이 들곤 합니다. 거북이에게 과연 '경쟁의식'이 있었을까? 자신만의 보폭으로 걷는 것 자체를 즐기다 보니 어느새 경주에서 이겼더라, 그냥 토끼가 저 혼자 분해하더라, 혹시 그런 이야기는 아닐까?

그렇다면 진짜 승자가 누구인지 알 수 없게 됩니다. 아니, 원래 '승자'와 '패자'라는 사고방식 자체가 우리의 관점을 뒤틀리게 만들어버렸는지도 모릅니다.

현대를 사는 우리에겐 어쩌면 단순히 걷기를 즐긴 거북이의 센스가 필요한 건 아닐까요?

시대에 맞춰 효율을 추구하는 방식으로 일하다 보면, 어느새 모두 토끼가 되어갑니다. 그 경쟁의 레일을 깐 것은 내가 아닌데 내가 그 레일 위를 달리는 게 과연 옳은 일인지, 그런 문제의식 또한 함께 나누고 싶었습니다.

금융업계 최전방에서 활약 중인 미국의 애널리스트 루치르 샤

르마가 이런 말을 했습니다.

> 지금 내가 강렬하게 끌리는 것은 '선zen 사상'이다. 투자에서
> 든 인생에서든, 좋은 정신 상태를 유지하는 것이 매우 중요하
> 다는 뜻이다. 나는 내 다음 책 1장의 제목을 '덧없음'이라고 붙
> 였다. 영원한 것은 아무것도 없다. 모든 것은 지나간다. 내가 늘
> 염두에 두고 잊지 않는 룰이다.

금융 세계의 격전지인 뉴욕 월스트리트에서 경제의 부침을 눈
앞에서 낱낱이 목격해왔던 사람이 지금 가장 중요한 것은 마음
의 안정이자 평온한 정신 상태를 유지하는 것이라고 말합니다.
거품경제 시대에 취해 조금이라도 이익이 날 만한 곳이면 눈을
번득이는 바로 그곳에서 이런 말들이 나오고 있다는 사실에 남
다른 감회를 느낍니다. '자본주의의 최전방'에 있는 사람들조차
'평온함'을 간절히 원하고 있다는 뜻일 테니까요.

길을 잃지 않기 위해

"이게 좋아!" "저게 핫해!" 이런 소리에 혹해 다들 그 '이길 수 있는 말'에 재빨리 올라타지요.

강자처럼 보이는 사람이나 상품에 묻어가면 김칫국이라도 마실 수 있고 그 편이 확실히 이익이라는 생각이, 슬프게도 지금의 자본주의에 만연한 흐름입니다.

그러나 우리는 이제 그 '이길 수 있는 말'이 실제의 힘이나 실제의 목소리 이상으로 부풀어가는 현상이 존재한다는 것을 이해하고, 냉정하게 바라봐야 합니다. 속아서는 안 됩니다.

'다수에 묻어가자.' '사람들의 공감에 편승하자.'

사람은 본디 약한 존재입니다. 일단 '이득'처럼 보이는 것에 묻어가면 틀림없다고 믿는 사람들도 많겠지요. 어느 정도 맞는 말일지도 모릅니다. 어느 정도는요. 지금까지 수치로 계산해왔던 근대경제학적 측정 방법에서는 그것이 정답이었습니다.

하지만 그렇게 해서 자기 본연의 마음, 본연의 특성을 살리며 살아냈다는 성취감으로 자신의 인생을 채울 수 있는가 하면, 그것은 또 별개의 문제가 되겠지요.

이제 원점으로 돌아가, 다시 고민해볼 때가 왔습니다.

"나는 무엇을 위해 배우는가."
"나는 무엇을 위해 일하는가."

정답이 없는 시대, 그럼에도 우리는 살아가야 하니까요.

각자 자신의 속도로
살아갈 수 있는 사회를 희망하며

 이 책에 대한 제안을 받았을 땐, 솔직히 망설였습니다. 이런 혼
미한 시대에 청춘들을 위한 이야기를 하라니. 게다가 그 대상이
난적, 자본주의입니다. 전 세계 경제학자들이 머리를 싸매고 고
민하는 거대 시스템에 대해 이야기를 하라니요.

 이 책에서도 여러 차례 썼습니다만 1980년대였다면 자본주의
에 대해 훨씬 편하게 이야기할 수 있었을지도 모르죠. 사회주의
라는 존재를 평소에 의식하고 살아가는 때라면 이와 대비하면서
'자유 시장 경제' '사유재산제' 같은 개념을 모두가 지금보다 더
리얼하게 느꼈을 테니까요.

 그런데 90년대 사회주의가 붕괴된 후 시장 경제가 전면에 등

장하고 동시에 IT 산업까지 맞물리면서, 세계 시장에는 거대한 변화의 물결이 밀려들기 시작했습니다. 시장의 그물망은 '자본주의 독점' 상태를 드러내며 전 세계를 덮어나갔고 '양극화' '사회 계층 분열'이라는 문제도 생겨났습니다. 자본주의는 민주주의를 파괴하기 시작했고, 사람들 마음속에 불안을 심어놓았습니다.

"우리 주변을 둘러싼 논리들이 명확하게 보이지 않는다." 그런 말을 하는 어른들이 많아진 30년이었는지도 모릅니다. 그리고 그런 상황이었기에, 아주 잘 알고 있다고 착각하는 어른들을 향해, 그 도식에 의문을 던지려고 했던 것이 〈욕망의 자본주의〉라는 다큐멘터리의 기획이었습니다.

하지만 이번 독자는 그런 어른들이 아닙니다.
어떤 형태로든 경제 현상의 본질을 고민하면서 깊이 파고들 수 있는 기회가 주어진 것에 감사하면서도 이런 어렵고 무거운 책임을 내가 잘해낼 수 있을까? 대체 어디서부터 이야기를 시작해야 할까? 좋은 방법이 떠오르지 않은 채 시간만 무심히 흘러갔지요.
그러던 어느 날, 그런 생각을 하게 되었습니다.
'때가 되면 제대로 얘기해야겠다고 결심한들, 그때는 영원히 찾아오지 않는다. 자꾸만 형태를 바꾸고, 집어삼킬 대상을 바꾸고, 새로운 상품을 만들어 팽창해가는 자본주의의 생명력……

어느 단계에서 전체를 부감하고 정리하고 구조를 명확히 한다는 것은, 마치 시간을 멈추는 것처럼 신만이 할 수 있는 무모한 시도일지도 모른다. 그렇다면 그 생명력 그대로 아메바처럼 형태를 바꿔가는 자본주의 속에 있으면서, 그럴수록 대담하게, 앞으로 긴 인생을 살아갈 청춘들에게 〈이것만큼은 꼭 생각해봤으면 좋겠다〉 〈이 질문은 같이 해봤으면 좋겠다〉 싶은 본질적인 핵심을 과감하게 얘기해보자.'

그러기 위해서는 교과서처럼 설명하는 것이 아니라, 오히려 그 반대로 표준에서 약간 벗어나더라도 두려워하지 않는 '사랑과 독단의 자본주의론'이어도 좋겠다고 스스로 위로하면서 말이지요.

이렇게 해서 일반적인 자본주의 입문서와는 다른, 표준적이고 체계적인 것과도 약간 다른, 기묘한 메시지가 담긴 책이 세상에 나오게 되었습니다. 바라건대, 긴 인생을 살아갈 여러분에게 앞으로의 시대를 살아가는 데 있어 필요한 사고방식, 그것에 대한 실마리 정도가 될 수 있었다면 좋겠습니다.

실제로 '표준'이라는 것 자체를 결정하기란 어려운 일이고, 마치 축구의 오프사이드 라인처럼 표준 라인이 변하는 것 또한 자본주의의 특징이라고 할 수 있습니다. 저 역시 필드를 달리며 플레이한 결과가 어떻게 나올지, 자본주의의 가능성과 한계에 대해 줄곧 생각하며 줄타기를 하는 기분으로 글을 썼습니다.

여러분 또한 현대 자본주의라는 줄을 탐에 있어, 마음이 헝클어지거나 자기 자신에게 지지 않고, 무리 없이 즐겁게 나아가기를 바랍니다. 그리고 이 책이 그 계기가 된다면 기쁘겠습니다. 자본주의를 생각한다는 것은 사회 전체를 생각한다는 것이며, 여러분 자신의 삶의 방식에 대해 생각한다는 것이니까요.

여러분이 주역이 되어 활약할 10년 후, 부디 따스한 분위기 속에서 각자 자신의 속도로 살아갈 수 있는 유연한 사회가 되어 있기를 바랍니다.

그리고 저는, 그곳에서 새로운 대화가 시작될 것을 기대하겠습니다.

지은이 마루야마 슌이치

1962년생. 근대경제학에서 마르크스경제학까지 폭넓게 공부하며 게이오대학 경제학부를 졸업했다. NHK에 입사해 시대 조류를 읽는 수많은 교양프로그램을 기획 제작했으며, 현재 NHK엔터프라이즈 프로그램개발 총괄프로듀서를 맡고 있다. 와세다대학, 도쿄예술대학에 출강하고 있으며, 저서로는『욕망의 자본주의』『욕망의 민주주의』등이 있다.

옮긴이 김미형

전문번역가. 제주대학교 일어일문학과 졸업. 일본 주오대학에서 석사학위와 박사학위를 받았다.『곧, 주말』『벚꽃이 피었다』『퇴사하겠습니다』『그리고 생활은 계속된다』『먹고 산다는 것에 대하여』등을 우리말로 옮겼다.

돈과 나 : 자본주의 속에서 길을 잃지 않기 위해

1판 1쇄   2020년 3월 27일

지은이   마루야마 슌이치
옮긴이   김미형
펴낸이   김이선
편집   김이선
디자인   김진영
마케팅   김보미 양혜림 이지혜

펴낸곳   (주)엘리
출판등록   2019년 12월 16일 (제2019-000325호)
주소   04043 서울특별시 마포구 양화로 12길 16-9 (서교동 북앤빌딩)
✉   ellelit@naver.com
🅨🅕🅞   ellelit2020
전화   (편집) 02 3144 3802 (마케팅) 02 3144 3232
팩스   02 3144 3121

ISBN 979-11-969148-3-7   03300

이 도서의 국립중앙도서관 출판예정도서목록(CIP)은 서지정보유통지원시스템 홈페이지(http://seoji.nl.go.kr)와 국가자료공동목록시스템(http://www.nl.go.kr/kolisnet)에서 이용하실 수 있습니다.(CIP제어번호: CIP2020010318)